中国城市科技创业评价报告(2024)

上海科技大学创业与管理学院
中国城市科技创业评价课题组　著

科学出版社
北京

内 容 简 介

　　科技创业是基于科技创新成果的创业活动，是连接技术发明、技术创新与新产品或新服务的桥梁，同时也是培育和发展新质生产力的重要途径。《中国城市科技创业评价报告》以区域创业生态系统理论为指引，利用大量的统计数据，综合、客观且动态地对我国主要城市科技创业水平进行监测和分析。本报告不仅可为政府决策部门强化科技创新对产业创新的引领带动作用，引导培育地区发展的新模式、新业态和新产业，形成各具特色的区域创新体系和区域协调格局提供参考；也可为地方政府因地制宜发展新质生产力，推动经济高质量发展提供新的思路。

　　本书不仅适合负责科技创新工作的各级政府部门管理者，也适合从事区域创新和科技政策的理论研究者。

图书在版编目(CIP)数据

中国城市科技创业评价报告.2024／上海科技大学创业与管理学院中国城市科技创业评价课题组著. —— 北京：科学出版社，2024.9. ——
ISBN 978-7-03-079583-0

Ⅰ.F124.3

中国国家版本馆 CIP 数据核字第 2024DG6079 号

责任编辑：郝　悦／责任校对：姜丽策
责任印制：张　伟／封面设计：有道设计

科 学 出 版 社 出版
北京东黄城根北街 16 号
邮政编码：100717
http://www.sciencep.com
中煤（北京）印务有限公司印刷
科学出版社发行　各地新华书店经销
*
2024 年 9 月第　一　版　　开本：787×1092 1/16
2024 年 9 月第一次印刷　　印张：12
字数：282 000
定价：138.00 元
（如有印装质量问题，我社负责调换）

编委会名单

主 编：

  柳卸林 杨 宇

副主编：

  杨博旭 周小宇 郦光伟

执笔人：

  柳卸林 杨博旭 郦光伟 洪苏婷

  贾建军 郑 雯 杨锡怡 谢文心

序

2024 年 6 月 24 日，习近平总书记在全国科技大会、国家科学技术奖励大会、两院院士大会上指出："扎实推动科技创新和产业创新深度融合，助力发展新质生产力。"[①]科技创业作为基于科技创新成果的创业活动，是实现这一目标的重要途径。当前，全球科技创新驱动经济转型，科技创业已成为推动经济社会发展的关键引擎。由于自然禀赋、人文历史、发展程度等因素的差异，各城市在科技创业方面也表现出明显的差异。因此，对中国主要城市的科技创业水平进行科学评价可以识别各城市的优势与不足，提出针对性的政策建议，以推动区域经济高质量发展。

《中国城市科技创业评价报告》全面系统地梳理和分析了我国城市科技创业水平，为中国科技创业的理论研究提供了科学的框架方法，也为地方政府因地制宜发展新质生产力、推动经济高质量发展提供了新的思路。本书的创新之处包括以下几点。

首先，本书以区域创业生态系统的学术理论为基础，利用权威机构公布的统计数据，构建了衡量中国城市科技创业水平的指标体系，对我国主要城市的科技创业水平进行评价，填补了国内系统评价科技创业水平的空白。基于学术理论构建指标，提升了报告的科学性、系统性和客观性。

其次，本书聚焦于城市对科技创业的培育能力，提出了适合不同城市特点的发展策略，对城市发展和政策制定具有重要的实践指导意义。本书不仅评估了城市现有的科技创业成果，还深入分析了各地的资源配置、政策环境和平台支持等因素，帮助各城市找到最适合自身的发展路径。

最后，本书采用量化研究和质性研究相结合的方法，不仅通过统计数据客观评价各城市的科技创业水平，还通过调查问卷和实地调研，分析了城市科技创业的主要困境及其深层次原因，为后续研究和政策制定提供了丰富的参考资料。这种多角度的研究方法，不仅增强了研究结论的科学性和解释性，也使得本书的政策建议更具有操作性和针对性。

本书将科技创业的理论、国家发展宏观战略与城市发展的具体实践相结合，能够为政策制定者、学术研究者和实际从业者提供有价值的决策依据与参考资料。希望本书的出版与发布能给广大读者带来启发，助力中国科技创业和产业创新的深度融合，共同推动经济社会高质量发展。

汪寿阳

发展中国家科学院院士

中国科学院特聘研究员

上海科技大学创业与管理学院特聘教授

2024 年夏

---

① 《习近平：在全国科技大会、国家科学技术奖励大会、两院院士大会上的讲话》，https://news.cyol.com/gb/articles/2024-06/24/content_YOZ0y8Sm9g.html，2024-06-24。

前　　言

　　科技创业是基于科技创新成果的创业活动，是连接技术发明、技术创新与新产品或新服务的桥梁，同时也是培育和发展新质生产力的重要途径。《中国城市科技创业评价报告》（以下简称《评价报告》）是以中国城市科技创业为主题的综合性年度研究报告。《评价报告》以区域创业生态系统理论为指引，利用大量的统计数据，综合、客观且动态地对我国主要城市科技创业水平进行监测和分析。《评价报告》不仅可为政府决策部门强化科技创新对产业创新的引领带动作用，引导培育地区发展的新模式、新业态和新产业，形成各具特色的区域创新体系和区域协调格局提供参考；也可为地方政府因地制宜发展新质生产力，推动经济高质量发展提供新的思路。

　　《评价报告》的评价过程使用滞后两年的数据，即 2023 年的评价结果基于 2021 年的数据。在综合评价与系统分析的基础上，2024 年的《评价报告》分为两大部分：一是城市科技创业水平的客观评价和分析，即采用国家相关部门和第三方机构发布的客观数据，对城市科技创业整体水平和不同维度进行评价；二是城市科技创业水平的调查分析，即利用调查问卷对主要城市的科技创业水平进行分析，并结合调研，分析城市科技创业的主要困境及其深层次原因。

　　2024 年 3 月 20 日，习近平总书记在主持召开新时代推动中部地区崛起座谈会时指出"要以科技创新引领产业创新，积极培育和发展新质生产力"[①]，强调新质生产力必须以科技创新为引领，将科技创新成果的产业化作为新质生产力的重要来源。城市科技创业水平不仅反映了各主体将科技成果产业化的活力和能力，也反映了城市科技创业生态系统的整体情况，为分析地区培育和发展新质生产力提供了新的视角。结合城市科技创业水平监测和评价结果，我国主要城市的科技创业水平和格局呈现以下特征。

　　一是推动科技创新和产业创新深度融合，因地制宜发展新质生产力。2023 年 12 月召开的中央经济工作会议系统部署 2024 年经济工作，"以科技创新引领现代化产业体系建设"排在首位，强调"要以科技创新推动产业创新，特别是以颠覆性技术和前沿技术催生新产业、新模式、新动能，发展新质生产力"[②]。在发展新质生产力方面，习近平总书记强调，"要牢牢把握高质量发展这个首要任务，因地制宜发展新质生产力"[③]。在这一背景下，各地高度重视科技创新对产业发展的引领带动作用，推动科技成果转移转化，"科创+产业"加速融合，战略性新兴产业集群不断向高端化、智能化、绿色化迈进，着力推动我国产业跃升。积极探索新产业、新业态和新模式，新质生产力不断涌现。江苏

[①] 《习近平主持召开新时代推动中部地区崛起座谈会强调：在更高起点上扎实推动中部地区崛起》，https://www.gov.cn/yaowen/liebiao/202403/content_6940500.htm，2024-03-20。

[②] 《中央经济工作会议在北京举行 习近平发表重要讲话》，https://www.gov.cn/yaowen/liebiao/202312/content_6919834.htm，2023-12-12。

[③] 《习近平在参加江苏代表团审议时强调：因地制宜发展新质生产力》，https://www.gov.cn/yaowen/liebiao/202403/content_6936752.htm，2024-03-05。

打造具有全球影响力的产业科技创新中心，统筹做好科技创新和产业创新两篇大文章，高度重视"从 0 到 1"的科学发现，着力推动"从 1 到 100"，特别是"从 1 到 10"的突破和转化应用，加快发展新质生产力。陕西秦创原平台加速释放科创潜能，其构建的"产业创新+企业创新"平台体系，截至 2023 年 8 月，已建成国家级制造业创新中心 1 家、省级制造业创新中心 19 家，为科技成果转化蹚出一条新路。安徽不懈推动现代化产业体系建设，加快培育壮大战略性新兴产业，2023 年更是将汽车产业提升为"首位产业"，2023 年上半年，安徽新能源汽车产量 34.2 万辆，同比增长 87.8%。

二是城市科技创业水平持续提升，先进经验和模式不断涌现。近年来，各地通过不同形式推动科技创业水平提升。科技创新成果转化成效显著，2023 年，我国企业发明专利产业化率达到 51.3%，首次超过 50%，较上年提高 3.2 个百分点，连续 5 年保持增长态势；国家高新技术企业发明专利产业化率达到 57.6%，较上年提高 1.5 个百分点，比非国家高新技术企业高 19.5 个百分点[①]。科技创业企业快速增长，截至 2024 年 2 月，我国已累计培育专精特新中小企业 10.3 万家、专精特新"小巨人"企业 1.2 万家[②]。高新技术企业从 2012 年的 3.9 万家增长至 2022 年的 40 万家，762 家企业进入全球企业研发投入 2500 强。风险投资持续活跃，2018—2023 年，年均投资事件达到 13 328 起，投资事件规模达到 17 093 亿元[③]。各地在顶层设计、体制机制等方面不断创新和完善，涌现出一系列先进做法和可复制推广的经验。北京市人民政府办公厅印发《北京市关于推动科技企业孵化器创新发展的指导意见》，通过完善创新创业生态系统，促进科技成果转化、培育高新技术企业、推动高精尖产业发展。深圳市人力资源和社会保障局等四部门联合印发《深圳市进一步支持港澳青年就业创业实施细则》，支持港澳青年融入粤港澳大湾区发展，并在场地、培训和补贴等方面为青年创业提供支持。南京市人民政府办公厅印发《推动科创金融高质量发展若干政策措施》，加大金融支持科技创新力度，推动"科技—产业—金融"良性循环。

三是科技创业地区差异明显，跨区域协同仍有待加强。在新形势下，各地在提升科技创业能力方面取得明显成效，同时也存在发展不平衡和不协同等问题。第一，呈现典型的区域特征和梯队分布，2023 年城市科技创业能力呈现"东强西弱"的特征，排名前十的城市中，除武汉外，均为东部城市。城市科技创业能力呈现明显的梯队分布，其中，第一梯队包括北京、深圳、南京、杭州、上海和苏州，综合得分超过 40；而处于第四梯队的城市，综合得分低于 20 分。第二，整体格局相对稳定，个别城市变化较大。从排名前十位的城市来看，其 2022 年和 2023 年的综合排名变化均不超过 2 位。2023 年综合排名上升的城市有 21 个，下降的有 26 个，其中，变化幅度超过 5 位的城市有 8 个。第三，城市科技创业能力的不同维度差异较大。北京在企业培育、创新网络化和环境与平台三个维度排名第一位，深圳在高质量创新创业维度排名第一位，武汉在科技水平维度排名

---

① 《我国企业有效发明专利产业化率稳步提升》，http://www.news.cn/tech/20240412/3c8736a99ae74176b2872822db3e1e73/c.html，2024-04-12。

② 《如何促进中小企业专精特新发展（政策问答·2024 年中国经济这么干）》，https://www.gov.cn/zhengce/202402/content_6930705.htm，2024-02-07。

③ 资料来源：清科私募通数据库。

第一位。与综合排名进行对比，发现各地区在不同维度的排名上各具特色，差异也各不相同。第四，城市间科技创业能力协同发展有待加强。我国重点领域的耦合协同度整体处于初步协调或失调状态。其中，京津冀地区的整体耦合协同度处于濒临失调阶段，长三角地区的整体耦合协同度处于勉强协调阶段，粤港澳大湾区的整体耦合协同度处于初级协调阶段，黄河流域整体耦合协同度处于濒临失调阶段。

需要说明的是，限于数据资料和时间精力等主客观原因，本书只选择了58个主要城市进行评价和分析，入选城市涵盖了中国30个省(自治区、直辖市)。

本书起草和写作过程中，得到了上海科技大学创业与管理学院领导和老师的大力支持，上海科技大学创业与管理学院一直将对科技创业的研究和学生的培养作为己任。希望依托本书，能够为全国同行提供一个监测和分析各个城市科技创业水平的平台。

本书是以上海科技大学创业与管理学院老师为主的多人集体完成的成果，因此文字风格不尽统一，加之时间紧迫、经验有限，虽数易其稿，仍有不尽如人意之处，欢迎各界批评指正。

本书得到了国家社会科学基金的支持，为国家社会科学基金重大项目"国家创新体系整体效能提升的关键问题研究"(23&ZD132)阶段性成果。

上海科技大学创业与管理学院

中国城市科技创业评价课题组

2024年6月6日

目　　录

第1章 科技创业评价的意义与评价体系

1.1 城市科技创业评价的意义

改革开放以来,我国科技创新经历由"技术驱动"到"市场驱动"再到"创新驱动"的过程(李湛等,2018)。早期,我国自主创新能力相对较低,主要是对国外技术进行引进消化吸收。之后,随着市场需求的不断增长,我国对技术创新的需求也不断提升,通过对国外技术的再创新来满足国内市场需求,完成"从1到N"的过程。现阶段,我国整体技术水平已经实现从跟跑走向并跑,甚至是领跑过渡,对原始创新、基础研究的需求不断提升,并形成大量科技创新成果,学术论文、发明专利等成果数量全球领先。然而,大量科技创新成果处于"闲置"状态,无法真正转化为生产力。因此,在"创新驱动"阶段,如何将科技创新成果转化为新质生产力,实现科技创新对产业创新的引导作用,是真正实现经济高质量增长和全要素生产率提升的关键所在。

科技创业是基于科技创新成果的创业活动,是科技成果商业化的重要方式,是连接技术发明、技术创新与新产品或新服务的桥梁,同时也是培育和发展新质生产力的重要途径(杜尔玏和吉猛,2020)。一个创新强国一定是一个科技创业发达的国度。自人类进入第四次工业革命以来,更是如此。从美国的硅谷(Saxenian,1996),到今天我国的许多地区,科技创业已经被证明是地区经济增长的重要源泉。

科技创业作为一种特殊的创业形式,不仅具备一般创业活动的特征,更重要的是强调创业活动的"科技含量",具有高技术、高附加值、高投入、高风险、高回报等特征(李胜文等,2016)。对科技创业的研究将创新与创业及其对经济发展的影响纳入统一框架,为熊彼特创新理论和内生增长理论的融合提供了全新视角。一个城市的科技创业水平,不仅是当地创业活力的直接表现,同时也反映了其在科技创新方面的能力。对城市科技创业能力进行研究和评价,可为城市创新发展提供良好的理论基础和战略参考。

什么决定了一个地区的科技创业的水平?根据过往的研究,一是当地的科技发展水平,这是科技创业的源泉;二是掌握科技的企业家,这是熊彼特意义上的企业家,有激情,有梦想,有获得和调动各种资源的能力,有百折不挠的信心(Schumpeter,1912)。但企业家从哪里来,科技又如何打下基础,相关的人才应如何培养?有了科技,有了创业的欲望,如何让人们敢于创业,且能够获得各类资源,如土地、风险投资、政府的认可、用户的认可?人们为什么在一个地区创业而不是在另一个地区?这些又与营商环境有关。

一个地区的科技创业水平是由多种因素决定的。创业生态系统是由多种创业参与主体及其所处的创业环境所构成的有机整体,彼此间存在复杂的交互作用,致力于提高整体创业活动水平,具备多样性、网络性、共生性、竞争性、自我维持性和区域性六大特征(蔡莉等,2016)。从区域的角度来看,生态系统具有典型的"根植性"特征,强调地理邻近和文化邻近(杨博旭等, 2023), 这也是基于城市开展科技创业能力评价的必要性。

目前国内还没有一个系统的评价科技创业的报告, 与此相关的报告有《国家创新型城市创新能力监测报告》《国家创新型城市创新能力评价报告》《中国科技创新中心100强》《"中国100城"城市创新生态指数报告》《中国城市创新创业环境评价报告》等, 这些报告从不同角度对城市创新创业进行评价, 但缺少对城市科技创业能力的评价。澎湃研究所发布了"长三角41市科技创业生态指数", 但其在评价指标体系、评价对象和连续性方面仍有待深化。我们基于创业生态系统的理念, 构建一个指标评价体系, 并形成分析报告, 基于两年的连续数据对城市科技创业能力进行系统评价和比较。

客观科学的指标评价体系是准确反映城市科技创业能力的关键, 指标体系的整体结构、权重大小等都会影响最终结果。为此, 本书在充分借鉴《中国区域创新能力评价报告》《全球创新指数》《全球科技创新中心发展指数》《"中国100城"城市创新生态指数报告》等诸多国内外知名报告的基础上, 通过多轮学术会议和专家咨询会, 最终确定中国城市科技创业评价指标体系。

1.2 评价体系与分析框架

在本书中, 某一城市的科技创业能力是该城市的科技创业能力相对于其他城市而言的排名, 不是对该地区科技创新能力的直接衡量。从城市科技创新能力的基础数据来看, 各城市的科技创业能力基本都处于不断上升的状态。

未来, 将根据我国国家创新体系建设的不断深入, 以及全球科技创新水平的发展, 对指标体系进行动态调整。

1.2.1 评价原则

为保证关于城市科技创业能力评价结果的有效性, 本书在构建城市科技创业评价指标体系的过程中, 召开了近十次由不同专家组成的座谈会, 听取了许多专家的意见, 严格遵循以下原则。

第一, 充分考虑城市对科技创业的培育能力。科技创业是利用科技成果进行商业化转化的过程, 在这一过程中, 城市需要通过营造良好的外部环境, 引导科学家和企业家相互融合, 畅通科技和产业之间的渠道, 并最终培育形成中小科技企业、高新技术企业。

第二, 充分考虑城市在创新活动中的地位。城市创新创业活动具有明显的正外部性, 对周边城市的创新创业能力起到正向促进作用。对于科技创业水平较高的城市而言, 其一般也会具备较高的创新创业引领能力。因此, 本书通过创新网络化来反映城市在创新创业中的位置, 包括城市内部产学研合作、跨城市合作情况, 以及城市在创新网络中的位置等。反过来看, 当城市在创新创业中占据中心位置时, 也能够更快地获取信息和资源, 进而支撑城市科技创业。

第三, 强调科技创新创业的质量。与普通创业不同, 科技创业是对科技成果的商业化应用, 并以生产高附加值产品为目标。因此, 对于科技创业而言, 其一般具有高质量属性。从创业链条上来看, 不仅用于创业的技术是高质量的, 创业形成的产品也是高质量的，并最终支撑经济高质量发展。

第四，充分考虑评价体系的跨城市可比性。城市科技创业能力评价的科学性要求评价体系能够公平地"对待"每一个城市，尽量降低数据和城市规模等因素对评价结果的影响。为此，本书在数据上全部采用国家权威部门公布的年鉴和报告数据。同时，在具体评价指标方面，本书使用人均指标和增长率指标，消除城市规模对评价结果的影响。

1.2.2　指标体系

1)城市科技创业的内涵

城市科技创业至少可以包括以下三方面内容。

第一，城市科技创业的培育能力。这是一个基本的能力，一个科技创业能力强的地区，必须是创业企业不断涌现的地区。人们觉得在这里创业会得到尊重。科技创业企业的出现不仅需要科学家具备敏锐的市场嗅觉，能够将科技创新成果产业化，更需要城市通过营造良好的商业环境，来引导和鼓励科技创业。基于此，本书一方面考虑城市科技创业的来源和基础，即支撑科技创业的人力、财力和技术等要素；另一方面，考虑城市在环境塑造和平台建设方面的优势，如城市基础设施建设、孵化器平台建设等。

第二，科技创新创业的质量。不同于一般创业活动，科技创业是将科技创新成果进行商业化转化的过程，在这一过程中，不仅能创造新的产业，并且有获得全球市场的能力。因此，科技创业一定是高质量的创业。高质量创新创业既强调可用于科技创业的科技创新成果是高质量的，保证创业活动具有更强的竞争力；也强调科技创业的成果符合经济高质量发展的要求，即产出更加绿色化、智能化的创新创业成果。

第三，城市的创业生态营造。随着第四次工业革命的加速演进，数字全球化和数字技术不断推进，生态系统成为推动创新发展的第四种力量(柳卸林等，2022)，创业生态系统的概念也引起学者的广泛关注(柳卸林和王倩，2021；李志刚等，2024)。从区域的角度来看，生态系统具有典型的"根植性"特征，强调地理邻近和文化邻近(杨博旭等，2023)。从生态视角来看，企业培育和高质量创新创业离不开三个重要因素。一是当地的科技水平，包括基础支撑、科技投入、科技产出，但科技资源需要与商业资源有效联结。二是知识流动和溢出，知识可以在一个城市内和城市外进行交互，形成新的知识组合。城市创新创业活动在很大程度上促进了各类创新要素的流动，主体之间的交流，以及知识的流动和重组。同时，城市创新创业活动也具有明显的溢出效应，有利于带动周边城市的创新创业。三是环境与平台，有了科技水平和创新网络化，决定其水平的是环境与平台，主要是营商环境，包括创新环境、金融发展水平等，以及与创业相关的配套设施，包括医疗水平、教育基础等。

2)城市科技创业评价指标体系

根据本书对城市科技创业内涵的界定，遵循科学性、客观性、可行性、可比性等原则，构建城市科技创业评价指标体系(表1-1)。城市科技创业评价指标体系包括5个一级指标、11个二级指标、32个三级指标；其中，一级指标包括企业培育、高质量创新创业、创新网络化、科技水平和环境与平台。

表 1-1　城市科技创业评价指标体系

一级指标	二级指标	三级指标	指标含义
企业培育	领军企业	新三板企业	每百万人口新三板企业数量
		高成长企业	瞪羚企业数量占高新技术企业数量的比重
		高新企业增长率	高新区内入统高新区注册企业年增长率
	创业企业	在孵企业	孵化器中平均在孵企业数量
		众创空间	众创空间服务的平均创业团队数量
		风险投资	每万人风险投资金额
		科技企业	每万人新注册科技企业数量
高质量创新创业	新兴产业	战新产业	人工智能专利申请数/常住人口数
		数字经济	上市公司平均拥有的数字经济专利数
		绿色产业	每万人绿色专利申请数
	国际竞争力	产品出口	高新技术企业出口总额占营业收入的比重
		国际专利	每万人 PCT 专利申请数量
创新网络化	内部合作创新	内部合作强度	城市内部合作专利数量占专利总数量的比重
		产学研合作创新	产学研合作专利数量占城市内部合作专利数量的比重
	跨城市合作创新	跨城市合作强度	跨城市合作专利数量占专利总数量的比重
		创新领导力	跨城市合作网络中心性
		创新信息优势	跨城市合作网络结构洞
科技水平	基础支撑	政府支持	政府科技支出占政府财政支出的比重
		科研产出	每万人高校科研院所科研人员发明专利数
		基础研究	每万人科技论文数量
		科技人才	每万人本专科在校人数
	科技投入	研发投入	高新技术企业研发经费支出占营业收入的比重
		研发人员	高新技术企业每万人研发人员全时当量
	科技产出	发明专利	每万人企业发明专利申请数量
		工业产值	高新技术企业人均工业产值
		技术收入	高新技术企业技术收入占营业收入的比重
环境与平台	营商环境	创新环境	《中国区域创新能力评价报告》中的创新环境
		金融发展水平	《北京大学数字普惠金融指数》
		知识产权保护	知识产权保护指数
	配套设施	医疗水平	每万人拥有的医院、卫生院床位数
		休闲与文化	人均图书馆藏书
		基础教育	百名中小学生对应的教师数

注：PCT 表示专利合作条约(patent cooperation treaty)

企业培育是推动城市科技创业蓬勃发展的关键环节。本书通过分析城市对领军企业和创业企业两类企业的培育，评价目标城市的企业培育能力。对城市领军企业培育的度量，包括新三板企业(每百万人口新三板企业数量)、高成长企业(瞪羚企业数量占高新技术企业数量的比重)和高新企业增长率(高新区内入统高新区注册企业年增长率)三个指标。对城市创业企业培育的度量，包括在孵企业(孵化器中平均在孵企业数量)、众创空间(众创空间服务的平均创业团队数量)、风险投资(每万人风险投资金额)和科技企业(每万人新注册科技企业数量)四个指标。

推动创新创业高质量发展，有利于进一步增强创业带动就业能力，有利于提升科技创新和产业发展活力，有利于创造优质供给和扩大有效需求，对增强经济发展内生动力具有重要意义[①]。我们使用两个指标来度量城市的高质量创新创业，即新兴产业和国际竞争力。新兴产业衡量了城市围绕新兴产业的创业企业在不同维度的发展质量，具体指标包括战新产业(人工智能专利申请数/常住人口数)、数字经济(上市公司平均拥有的数字经济专利数)和绿色产业(每万人绿色专利申请数)三个维度。国际竞争力指标包括产品出口和国际专利两个维度，分别用高新技术企业出口总额占营业收入的比重、每万人 PCT 专利申请数量来衡量。

创新网络化对于一个地区的科技创业发展具有重要作用。地区创新网络化强调合作伙伴、信息共享、影响力以及网络集中程度等因素的重要性，其形成和发展可以促进知识流动、资源整合和合作交流，从而推动科技创业的繁荣和经济的可持续发展。本书采用内部合作创新和跨城市合作创新两个维度来衡量一个地区的创新网络化程度。内部合作创新是指同一地区内不同科技企业、研究机构和创业者之间的合作与协作，采用内部合作强度(城市内部合作专利数量占专利总数量的比重)和产学研合作创新(产学研合作专利数量占城市内部合作专利数量的比重)两个指标衡量。跨城市合作创新是指地区内科技企业、研究机构和创业者与外部合作伙伴之间的合作关系，采用跨城市合作强度(跨城市合作专利数量占专利总数量的比重)、创新领导力(跨城市合作网络中心性)和创新信息优势(跨城市合作网络结构洞)三个指标来衡量。

科技水平在一个城市的科技创业中扮演着至关重要的角色。提升科技水平能够提高企业和地区的创新能力，推动科技创业活动的发展。科技水平的提高还意味着城市具备更先进的技术和更高的技术应用能力，能够更好地将科技成果转化为实际生产力。本书使用三个指标来度量城市的科技水平，即基础支撑、科技投入和科技产出。基础支撑衡量了城市支持科技发展的基础要素，包括政府支持(政府科技支出占政府财政支出的比重)、科研产出(每万人高校科研院所科研人员发明专利数)、基础研究(每万人科技论文数量)和科技人才(每万人本专科在校人数)四个维度。科技投入指标基于城市研发投入(高新技术企业研发经费支出占营业收入的比重)和研发人员(高新技术企业每万人研发人员全时当量)两个维度。科技产出指标衡量了城市在科技创新产出方面的表现，包含发

[①]《国务院关于推动创新创业高质量发展打造"双创"升级版的意见》(国发〔2018〕32 号)，https://www.gov.cn/zhengce/content/2018-09/26/content_5325472.htm，2018-09-26。

明专利(每万人企业发明专利申请数量)、工业产值(高新技术企业人均工业产值)和技术收入(高新技术企业技术收入占营业收入的比重)三个维度。

科技创业的环境与平台是决定一个城市科技创业水平的关键因素之一。这一生态系统直接塑造创业者的成功路径,在提供市场机会、连接人才和专业网络、促进融资以及提供先进基础设施和技术支持等方面发挥作用。本书将使用营商环境和配套设施两个指标评估各个城市为科技创业提供的环境与平台。营商环境指的是一个城市的商业氛围和条件,包括创新环境(《中国区域创新能力评价报告》中的创新环境)、金融发展水平(《北京大学数字普惠金融指数》)和知识产权保护(知识产权保护指数)三个维度。对于配套设施的评价则基于医疗水平(每万人拥有的医院、卫生院床位数)、休闲与文化(人均图书馆藏书)、基础教育(百名中小学生对应的教师数)三个维度。

当然,由于我们是基于城市的评价,且评价的指标还取决于指标的可获取性。我们认为,各类风险投资也是决定当地创业水平的重要促进因素,但因为这个数据不可得,我们只能放弃。未来,我们也将尝试从第三方数据库获取风险投资的城市层面数据,不断完善评价体系。

我们开展城市科技创业能力评价的目标是,一方面,为中央政府强化科技创新对产业创新的引领带动作用,引导培育地区发展的新模式、新业态和新产业,形成各具特色的区域创新体系和区域协调格局提供理论参考。另一方面,为地方政府因地制宜发展新质生产力,进而推动经济高质量发展提供新的思路,更加突出科技成果向生产力转化的重要性,发挥地方政府在产业升级和经济发展方式转变中的能动作用。

1.2.3 评价方法

城市科技创业的评价方法是加权综合评价法,基础指标无量纲化后,使用逐级等权法进行分层逐级综合,最后得出每个城市的科技创新能力的综合效用值。

单一指标采用直接获取的城市数据来表示,在无量纲化处理时采用效用值法,效用值法规定的值域是[0,100],即该指标下最优值的效用值得分为100,最差值的效用值得分为0,计算方法如下。

1. 效用指标

设 i 表示第 i 项指标, j 表示第 j 个区域,则 x_{ij} 表示 i 指标 j 区域的指标获取值; y_{ij} 表示 i 指标 j 区域的指标效用值; x_{imax} 表示 i 指标的最大值; x_{imin} 表示 i 指标的最小值;

$$y_{ij} = \frac{x_{ij} - x_{imin}}{x_{imax} - x_{imin}} \times 100 。$$

这里说的效用指标是指正效用指标,即该项指标值越大,效用值得分越高。本书所使用的指标均为正效用指标。

2. 权重选取

本书采用逐级等权法,即对同一维度下的同等级指标赋予相同权重。为避免逐级等权法可能带来的偏差，本书同时邀请多位国内外科技创业领域的专家参加座谈会，对逐级等权法的科学性进行讨论，并得到一致认可。

3. 加权综合

加权计算是分层逐级进行的，以图1-1为例说明。

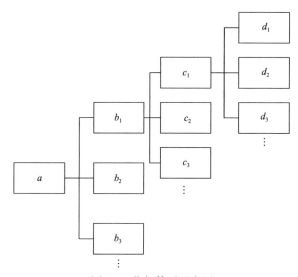

图1-1 指标体系示意图

设 a、b、c、d 表示分层；$f(a)$，$f(b)$，$f(c)$，$f(d)$ 分别表示其权重；$x(a,i)$，$x(b,i)$，$x(c,i)$，$x(d,i)$ 分别表示分层分区域的指标效用值，计算时从右向左进行。

例如，计算 c_i 的指标值（加权效用值）。设 $x(c_i,i)$ 是区域 i 在 c_i 指标下的综合效用值；$x(d_i,i)$ 是区域 i 在 d_i 指标下的效用值。那么，

$$x(c_1,i)=x(d_1,i)f(d_1)+x(d_2,i)f(d_2)+x(d_3,i)f(d_3)+\cdots$$

以此类推，求出 $x(c_2,i)$，$x(c_3,i)$……

进一步求出 $x(b_i,i)$：

$$x(b_1,i)=x(c_1,i)f(c_1)+x(c_2,i)f(c_2)+x(c_3,i)f(c_3)+\cdots$$

以此类推，求出 $x(b_2,i)$，$x(b_3,i)$……

再进一步求出 $x(a,i)$：

$$x(a,i)=x(b_1,i)f(b_1)+x(b_2,i)f(b_2)+x(b_3,i)f(b_3)+\cdots$$

当 $i=1,2,3,\cdots,31$ 时，分别求出31个省（自治区、直辖市）的各层次各项指标的效用值。

4. 耦合协同度

在对城市科技创业能力进行评价的基础上，本书通过计算耦合协同度，分析特定区

域内部城市之间的协同程度。

耦合协同度是指创业生态系统内部，各子系统之间的系统水平和耦合关联程度，即不同城市在科技创业能力方面的整体水平和关联程度。耦合协同度越高，表明城市的科技创业能力以及彼此之间的耦合度也越高。

在计算过程中，首先计算城市之间的耦合度，公式如下：

$$C_t = \left\{ \frac{\text{TE}_{1t} \times \text{TE}_{2t} \times \cdots \times \text{TE}_{kt}}{\left[\left(\text{TE}_{1t} + \text{TE}_{2t} + \cdots + \text{TE}_{kt} \right) / k \right]^k} \right\}^{\frac{1}{k}}$$

其中，TE_{it} 为第 $i(i=1,2,\cdots,k)$ 个城市在第 t 年的科技创业能力；k 为计算耦合度的城市数量。耦合度取值范围为[0,1]，越接近 1，耦合度越大。

在此基础上，计算城市之间的耦合协同度：

$$D_t = \sqrt{C_t \times T}$$

$$T = \beta_1 \text{TE}_{1t} + \beta_2 \text{TE}_{2t} + \cdots + \beta_k \text{TE}_{kt}$$

其中，T 为耦合协同综合评价指数；β 为待定系数，学术界通常采取等权重的方式进行复制。

为保证 C 和 T 的取值在同一数量级，本书在计算耦合协同度时，先将城市科技创业能力的取值范围转化到[0,1]。

根据耦合协同度的取值，将城市之间的耦合协同情况分为极度失调到优质协调十种类型，如表 1-2 所示。

表 1-2　耦合协同度及其对应类型

取值	协调类型	取值	协调类型
[0,0.1)	极度失调	[0.5,0.6)	勉强协调
[0.1,0.2)	严重失调	[0.6,0.7)	初级协调
[0.2,0.3)	中度失调	[0.7,0.8)	中级协调
[0.3,0.4)	轻度失调	[0.8,0.9)	良好协调
[0.4,0.5)	濒临失调	[0.9,1]	优质协调

1.2.4　评价对象与数据来源

为了保证研究的可检验性，本书的数据均来源于公开出版的统计年鉴、研究数据库、公开出版的评价报告等，主要包括《中国城市统计年鉴》、《中国火炬统计年鉴》、国家知识产权局专利数据库、锐思数据库、incoPat 数据库、中国研究数据服务平台、《北京大学数字普惠金融指数》、《中国区域创新能力评价报告》等。借鉴国内外类似研究报告的一般做法，本书使用滞后两年的基础数据进行测算，如2023年的评价结果使用的是2021年的基础数据。对个别地区的缺失数据和异常值，在评价过程中进行多方验证和平滑处理。为保证排名的稳定性与可靠性，增长率指标仍然将"近三年增长率的平均值"作为基础指标，其他指标均使用当年数据。考虑到城市数据的可得性和具体评价的可操作性，本书选取2022年全国地区生产总值排名前50位的城市作为评价对象。同时，考虑到尽可能展示全国科技创业整体布局，本书进一步将各省省会城市纳入评价，最终评价对象共有58个①。参评城市列表和区域分布如表1-3和图1-2所示。

表1-3　参评城市列表

城市	省(自治区、直辖市)	地区生产总值/亿元	城市	省(自治区、直辖市)	地区生产总值/亿元	城市	省(自治区、直辖市)	地区生产总值/亿元
上海	上海	44 653	合肥	安徽	12 013	嘉兴	浙江	6 739
北京	北京	41 611	西安	陕西	11 487	榆林	陕西	6 544
深圳	广东	32 388	南通	江苏	11 380	泰州	江苏	6 402
重庆	重庆	29 129	东莞	广东	11 200	襄阳	湖北	5 827
广州	广东	28 839	常州	江苏	9 550	临沂	山东	5 779
苏州	江苏	23 958	烟台	山东	9 516	漳州	福建	5 707
成都	四川	20 818	唐山	河北	8 901	洛阳	河南	5 675
武汉	湖北	18 866	徐州	江苏	8 458	鄂尔多斯	内蒙古	5 613
杭州	浙江	18 753	大连	辽宁	8 431			
南京	江苏	16 908	温州	浙江	8 030	太原	山西	5 571
天津	天津	16 311	厦门	福建	7 803	哈尔滨	黑龙江	5 490
宁波	浙江	15 704	沈阳	辽宁	7 696	贵阳	贵州	4 921
青岛	山东	14 921	昆明	云南	7 541	乌鲁木齐	新疆	3 893
无锡	江苏	14 851	绍兴	浙江	7 351	兰州	甘肃	3 344
长沙	湖南	13 969	潍坊	山东	7 306	海口	海南	2 134
郑州	河南	12 935	南昌	江西	7 204	西宁	青海	1 644
佛山	广东	12 698	扬州	江苏	7 105	呼和浩特	内蒙古	3 329
福州	福建	12 308	石家庄	河北	7 101	银川	宁夏	2 536
泉州	福建	12 103	盐城	江苏	7 080	南宁	广西	5 218
济南	山东	12 028	长春	吉林	6 745			

① 由于《中国火炬统计年鉴》中没有台州数据，本书未将其纳入评价。

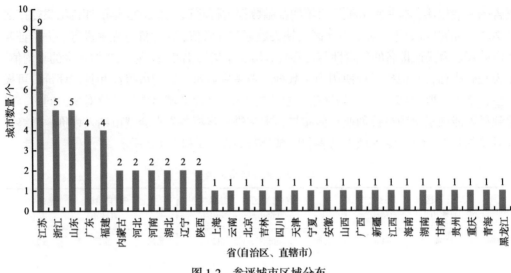

图 1-2　参评城市区域分布

第2章　中国城市科技创业能力总体排名

2.1　总 体 概 述

中国城市科技创业评价课题组，在对科技创新理论进行分析的基础上，构建了城市科技创业评价指标体系，并对经济实力五十强以及省会城市的科技创业能力进行评价。2023年主要城市科技创业能力呈现以下特征。

一是呈现典型的区域特征和梯队分布。2023年城市科技创业能力呈现"东强西弱"的特征，排名前十的城市中，除武汉外，均为东部城市。城市科技创业能力呈现明显的梯队分布，其中，第一梯队包括北京、深圳、南京、杭州、上海和苏州，综合得分超过40；而处于第四梯队的城市，综合得分低于20分。

二是整体格局相对稳定，个别城市变化较大。领先格局基本稳定，处于第一梯队的城市与上年相比没有发生变化，只有杭州和上海的综合排名发生变化；从排名前十位的城市来看，其2022和2023年的综合排名变化均不超过2位。2023年综合排名上升的城市有21个，下降的有26个，其中，变化幅度超过5位的城市有8个。

三是城市科技创业能力的不同维度差异较大。北京在企业培育、创新网络化和环境与平台三个维度排名第一位，深圳在高质量创新创业维度排名第一位，武汉在科技水平维度排名第一位。与综合排名进行对比，发现企业培育排名高于综合排名的城市有25个，低于综合排名的城市有28个；高质量创新创业排名高于综合排名的城市有27个，低于综合排名的城市有27个；科技水平排名高于综合排名的城市有30个，低于综合排名的城市有26个；环境与平台排名高于综合排名的城市有25个，低于综合排名的城市有27个。

四是城市间科技创业能力协同发展有待加强。我国重点领域的耦合协同度处于[0.20,0.72]，整体处于初步协调或失调状态。其中，京津冀地区的整体耦合协同度为0.48，处于濒临失调阶段；长三角地区整体耦合协同度为0.53，处于勉强协调阶段；粤港澳大湾区整体耦合协同度为0.60，处于初级协调阶段；黄河流域整体耦合协同度为0.47，处于濒临失调阶段。

2.2　城市科技创业能力排名

2.2.1　综合得分与排名

2023年北京科技创业能力排名第1位，深圳和南京分别排名第2位和第3位，杭州和上海分别排名第4位和第5位。进入前十的城市还有苏州、广州、武汉、青岛和合肥。从区位分布来看，北京和上海两个直辖市进入前十，广东和江苏均有2个城市进入前十，浙江、湖北、山东和安徽各有1个城市进入前十。

如图 2-1 所示，2023 年城市科技创业能力呈现明显的梯队分布，其中，北京、深圳、

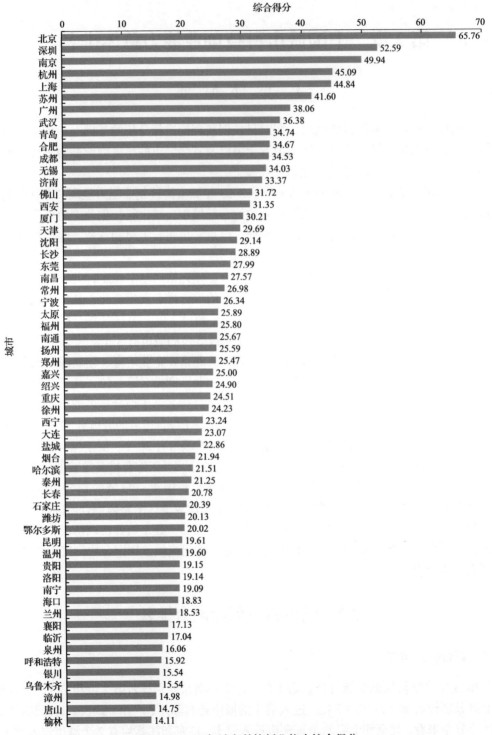

图 2-1　2023 年城市科技创业能力综合得分

南京、杭州、上海和苏州处于第一梯队,综合得分超过 40 分;广州、武汉、青岛、合肥、成都、无锡、济南、佛山、西安和厦门处于第二梯队,综合得分为 30—40 分;天津等 26 个城市处于第三梯队,综合得分为 20—30 分;昆明等 16 个城市处于第四梯队,综合得分低于 20 分。

2.2.2　排名变化

从排名变化情况来看(表 2-1),2023 年综合排名上升的城市有 21 个,其中,排名上升超过 5 位的城市包括太原(11 位)、南昌(9 位)、盐城(8 位)、鄂尔多斯(7 位)、福州(6 位)。太原和鄂尔多斯作为典型的资源型城市,创业活力依然强劲;南昌作为传统制造业城市,通过激发科技创业活力,实现产业转型升级。排名下降的城市有 26 个,其中,排名下降超过 5 位的城市包括乌鲁木齐(−8 位)、昆明(−6 位)、嘉兴(−6 位)。乌鲁木齐和昆明作为西部城市,需要进一步挖掘科技创业潜力,提升科技创业能力。嘉兴作为长三角重要城市,具有良好的制造业基础,需要进一步激发科技创业能力。

表 2-1　城市科技创业能力排名变化

城市	排名 2023 年	排名 2022 年	排名变化	城市	排名 2023 年	排名 2022 年	排名变化	城市	排名 2023 年	排名 2022 年	排名变化
北京	1	1	0	南昌	21	30	9	潍坊	41	40	−1
深圳	2	2	0	常州	22	18	−4	鄂尔多斯	42	49	7
南京	3	3	0	宁波	23	21	−2	昆明	43	37	−6
杭州	4	5	1	太原	24	35	11	温州	44	42	−2
上海	5	4	−1	福州	25	31	6	贵阳	45	48	3
苏州	6	6	0	南通	26	25	−1	洛阳	46	44	−2
广州	7	7	0	扬州	27	24	−3	南宁	47	51	4
武汉	8	9	1	郑州	28	27	−1	海口	48	50	2
青岛	9	10	1	嘉兴	29	23	−6	兰州	49	45	−4
合肥	10	8	−2	绍兴	30	26	−4	襄阳	50	46	−4
成都	11	11	0	重庆	31	28	−3	临沂	51	52	1
无锡	12	13	1	徐州	32	36	4	泉州	52	56	4
济南	13	12	−1	西宁	33	29	−4	呼和浩特	53	53	0
佛山	14	19	5	大连	34	33	−1	银川	54	55	1
西安	15	14	−1	盐城	35	43	8	乌鲁木齐	55	47	−8
厦门	16	16	0	烟台	36	32	−4	漳州	56	54	−2
天津	17	17	0	哈尔滨	37	38	1	唐山	57	57	0
沈阳	18	22	4	泰州	38	34	−4	榆林	58	58	0
长沙	19	20	1	长春	39	41	2				
东莞	20	15	−5	石家庄	40	39	−1				

注:表中正数为排名上升位数,负数为排名下降位数

2.2.3 一级指标分析

如表 2-2 所示，在企业培育指标方面，北京全国排名第 1 位，得分为 67.78，具有明显的领先优势；深圳紧随其后，排名第 2 位，得分为 49.46，与北京差距较大；上海、南京和太原分别排第 3 位、第 4 位和第 5 位，其中，太原在企业培育方面表现亮眼，排名明显高于其综合排名(24 位)。企业培育排名进入前十的城市还包括杭州、广州、苏州、佛山和厦门。排名后五位的城市依次为漳州、襄阳、唐山、榆林和南宁。与综合排名进行对比，发现企业培育排名高于综合排名的城市有 25 个，其中，排名差距大于 10 位的城市有临沂(19/51)、呼和浩特(23/53)、西宁(12/33)、太原(5/24)、海口(29/48)、泰州(21/38)、贵阳(31/45)、泉州(38/52)、银川(42/54)和乌鲁木齐(43/55)。企业培育排名低于综合排名的城市有 28 个，其中，排名差距大于 10 位的城市有沈阳(45/18)、扬州(46/27)、绍兴(48/30)、哈尔滨(53/37)、徐州(47/32)、西安(30/15)、成都(25/11)、南昌(35/21)、烟台(50/36)、青岛(22/9)、济南(26/13)和武汉(20/8)。

表 2-2 城市科技创业能力综合及各维度得分与排名

城市	综合		企业培育		高质量创新创业		创新网络化		科技水平		环境与平台	
	排名	得分	排名	得分	排名	得分	排名	得分	排名	得分	排名	得分
北京	1	65.76	1	67.78	2	65.37	1	54.29	6	54.00	1	87.38
深圳	2	52.59	2	49.46	1	74.15	33	23.47	4	55.32	5	60.56
南京	3	49.94	4	42.61	4	40.19	7	35.95	2	60.63	3	70.34
杭州	4	45.09	6	36.21	5	39.55	15	30.74	7	53.27	4	65.68
上海	5	44.84	3	45.53	12	28.26	6	36.02	20	34.19	2	80.22
苏州	6	41.60	8	32.03	3	46.98	43	20.06	8	52.90	7	56.05
广州	7	38.06	7	34.66	13	25.03	23	27.75	12	44.76	6	58.07
武汉	8	36.38	20	20.96	16	21.16	9	34.95	1	64.80	29	40.04
青岛	9	34.74	22	20.56	11	29.41	4	37.86	14	42.02	24	43.87
合肥	10	34.67	15	22.53	7	31.23	29	26.49	5	54.09	33	39.02
成都	11	34.53	25	19.36	9	29.81	3	38.91	11	45.21	32	39.35
无锡	12	34.03	14	23.73	6	33.86	30	25.76	21	33.54	8	53.24
济南	13	33.37	26	18.32	20	16.92	10	33.68	13	44.76	9	53.17
佛山	14	31.72	9	31.62	14	22.80	34	23.44	19	34.97	20	45.77
西安	15	31.35	30	16.21	21	16.87	5	36.36	3	56.36	42	30.94
厦门	16	30.21	10	31.51	8	29.92	44	19.58	17	38.03	40	32.02
天津	17	29.69	11	30.61	27	12.56	17	30.31	28	29.62	22	45.33
沈阳	18	29.14	45	10.86	40	7.89	8	35.26	10	45.29	19	46.40
长沙	19	28.89	16	22.26	25	14.53	22	28.52	16	39.19	31	39.93

续表

城市	综合		企业培育		高质量创新创业		创新网络化		科技水平		环境与平台	
	排名	得分	排名	得分	排名	得分	排名	得分	排名	得分	排名	得分
东莞	20	27.99	18	21.97	10	29.76	41	21.32	33	24.58	25	42.34
南昌	21	27.57	35	13.58	26	13.76	12	32.55	9	47.58	43	30.40
常州	22	26.98	13	23.77	15	21.56	53	12.79	29	27.61	16	49.17
宁波	23	26.34	33	15.64	18	20.33	45	18.76	24	32.81	23	44.15
太原	24	25.89	5	36.68	48	4.76	36	23.03	38	23.66	27	41.32
福州	25	25.80	17	22.25	36	10.74	40	21.35	15	41.07	38	33.62
南通	26	25.67	28	16.84	22	16.67	48	17.99	36	23.75	10	53.10
扬州	27	25.59	46	10.52	23	16.52	52	12.79	18	36.20	12	51.91
郑州	28	25.47	34	15.00	38	8.45	11	33.16	25	30.30	28	40.45
嘉兴	29	25.00	24	19.38	17	20.39	55	12.16	41	22.65	14	50.43
绍兴	30	24.90	48	10.39	19	18.26	50	14.12	26	30.23	13	51.51
重庆	31	24.51	32	15.92	24	15.23	14	30.76	35	24.05	36	36.62
徐州	32	24.23	47	10.52	43	6.01	20	29.63	22	32.91	26	42.09
西宁	33	23.24	12	24.85	57	2.73	2	49.48	57	10.56	48	28.56
大连	34	23.07	36	12.93	28	12.50	24	27.56	32	24.90	34	37.45
盐城	35	22.86	27	18.10	33	11.18	42	20.64	52	14.35	15	50.01
烟台	36	21.94	50	9.40	37	9.34	47	18.08	30	26.38	18	46.49
哈尔滨	37	21.51	53	7.65	45	5.73	13	30.93	31	26.28	35	36.94
泰州	38	21.25	21	20.75	30	12.31	58	6.68	51	14.59	11	51.94
长春	39	20.78	37	12.62	47	4.83	38	22.38	34	24.10	30	39.96
石家庄	40	20.39	49	9.67	44	5.96	18	29.98	23	32.87	55	23.50
潍坊	41	20.13	41	11.79	32	11.73	56	10.68	43	21.08	21	45.37
鄂尔多斯	42	20.02	40	11.90	31	11.85	39	22.37	37	23.71	44	30.29
昆明	43	19.61	51	8.92	42	6.26	16	30.55	40	22.78	45	29.56
温州	44	19.60	44	10.97	34	10.97	57	10.36	47	17.50	17	48.20
贵阳	45	19.15	31	16.10	46	5.08	32	25.08	39	23.03	51	26.44
洛阳	46	19.14	39	11.98	51	4.25	46	18.10	27	29.62	41	31.77
南宁	47	19.09	54	6.41	29	12.47	19	29.89	42	22.02	54	24.68
海口	48	18.83	29	16.38	35	10.75	31	25.65	45	20.17	57	21.20
兰州	49	18.53	52	8.85	52	4.18	25	27.50	46	19.52	39	32.59
襄阳	50	17.13	57	6.08	50	4.54	21	29.24	44	21.02	53	24.78
临沂	51	17.04	19	21.76	53	3.42	49	16.35	53	14.19	46	29.50

续表

城市	综合		企业培育		高质量创新创业		创新网络化		科技水平		环境与平台	
	排名	得分	排名	得分	排名	得分	排名	得分	排名	得分	排名	得分
泉州	52	16.06	38	12.30	39	7.95	51	13.56	48	17.48	47	29.00
呼和浩特	53	15.92	23	19.41	56	2.97	35	23.19	55	10.96	56	23.07
银川	54	15.54	42	11.62	49	4.65	27	26.78	50	16.94	58	17.72
乌鲁木齐	55	15.54	43	11.22	55	3.05	28	26.72	58	9.40	50	27.31
漳州	56	14.98	58	5.08	41	7.05	37	22.42	54	12.42	49	27.94
唐山	57	14.75	56	6.17	54	3.18	54	12.25	49	17.31	37	34.86
榆林	58	14.11	55	6.33	58	0.20	26	26.88	56	10.73	52	26.40

在高质量创新创业指标方面,深圳全国排名第1位,得分为74.15,具有一定的领先优势;北京紧随其后,排名第2位,得分为65.37,依然具有较强竞争力;苏州、南京、杭州分别排第3位、第4位和第5位。高质量创新创业排名进入前十的城市还包括无锡、合肥、厦门、成都和东莞。排名后五位的城市依次为榆林、西宁、呼和浩特、乌鲁木齐和唐山。与综合排名进行对比,发现高质量创新创业排名高于综合排名的城市有27个,其中,排名差距大于10位的城市有南宁(29/47)、漳州(41/56)、海口(35/48)、泉州(39/52)、嘉兴(17/29)、绍兴(19/30)和鄂尔多斯(31/42)。高质量创新创业排名低于综合排名的城市有27个,其中,排名差距大于10位的城市有西宁(57/33)、太原(48/24)、沈阳(40/18)、徐州(43/32)和福州(36/25)。

在创新网络化指标方面,北京全国排名第1位,得分为54.29,具有一定的领先优势;西宁紧随其后,排名第2位,得分为49.48,在创新网络化方面表现较为抢眼;成都、青岛和西安分别排第3位、第4位和第5位。创新网络化排名进入前十的城市还包括上海、南京、沈阳、武汉和济南。排名后五位的城市依次为泰州、温州、潍坊、嘉兴和唐山。与综合排名进行对比,发现创新网络化排名高于综合排名的城市有29个,其中,排名差距大于10位的城市有榆林(26/58)、西宁(2/33)、襄阳(21/50)、南宁(19/47)、乌鲁木齐(28/55)、银川(27/54)、昆明(16/43)、兰州(25/49)、哈尔滨(13/37)、石家庄(18/40)、漳州(37/56)、呼和浩特(35/53)、海口(31/48)、重庆(14/31)、郑州(11/28)、贵阳(32/45)和徐州(20/32)。创新网络化排名低于综合排名的城市有26个,其中,排名差距大于10位的城市有苏州(43/6)、常州(53/22)、深圳(33/2)、厦门(44/16)、嘉兴(55/29)、扬州(52/27)、南通(48/26)、宁波(45/23)、东莞(41/20)、泰州(58/38)、绍兴(50/30)、佛山(34/14)、合肥(29/10)、无锡(30/12)、广州(23/7)、潍坊(56/41)、福州(40/25)、温州(57/44)、太原(36/24)、烟台(47/36)和杭州(15/4)。

在科技水平指标方面,武汉全国排名第1位,得分为64.80,为科技创业提供了良好的基础条件;南京紧随其后,排名第2位,得分为60.63,得分略低于排名第1位的武汉;西安、深圳和合肥分别排第3位、第4位和第5位。科技水平排名进入前十的城市还包括北京、杭州、苏州、南昌和沈阳。排名后五位的城市依次为乌鲁木齐、西宁、榆林、呼和浩特和漳州。与综合排名进行对比，发现科技水平排名高于综合排名的城市有 30 个，其中，排名差距大于 10 位的城市有洛阳(27/46)、石家庄(23/40)、南昌(9/21)和西安(3/15)。科技水平排名低于综合排名的城市有 26 个，其中，排名差距大于 10 位的城市有西宁(57/33)、盐城(52/35)、上海(20/5)、太原(38/24)、泰州(51/38)、东莞(33/20)、嘉兴(41/29)和天津(28/17)。

在环境与平台指标方面，北京全国排名第 1 位，得分为 87.38，具有一定的领先优势；上海紧随其后，排名第 2 位，得分为 80.22，依然具有较强竞争力；南京、杭州和深圳分别排第 3 位、第 4 位和第 5 位。环境与平台排名进入前十的城市还包括广州、苏州、无锡、济南和南通。排名后五位的城市依次为银川、海口、呼和浩特、石家庄和南宁。与综合排名进行对比，发现环境与平台排名高于综合排名的城市有 25 个，其中，排名差距大于 10 位的城市有温州(17/44)、泰州(11/38)、唐山(37/57)、潍坊(21/41)、盐城(15/35)、烟台(18/36)、绍兴(13/30)、南通(10/26)、嘉兴(14/29)和扬州(12/27)。环境与平台排名低于综合排名的城市有 27 个，其中，排名差距大于 10 位的城市有西安(42/15)、厦门(40/16)、合肥(33/10)、南昌(43/21)、成都(32/11)、武汉(29/8)、西宁(48/33)、青岛(24/9)、石家庄(55/40)、福州(38/25)和长沙(31/19)。

2.3 领 先 地 区

2.3.1 北京

2023 年北京科技创业能力全国排名第 1 位。经济指标方面，2021 年北京地区生产总值为 40 270 亿元，全国排名第 2 位；人均地区生产总值为 183 980 元，全国排名第 4 位；第二产业和第三产业增加值占地区生产总值的比重分别为 18.05%和 81.67%。北京科技创业能力排名高于地区生产总值和人均地区生产总值排名。

北京科技创业能力及其各维度得分与排名如表 2-3 所示。分指标看，2023 年北京企业培育排名第 1 位，与 2022 年持平；高质量创新创业排名第 2 位，与 2022 年持平；创新网络化排名第 1 位，与 2022 年持平；科技水平排名第 6 位，比 2022 年上升 1 位；环境与平台排名第 1 位，与 2022 年持平。

表 2-3 北京科技创业能力及其各维度得分与排名

指标	2023 年		2022 年		排名变化
	得分	排名	得分	排名	
科技创业能力	65.76	1	66.21	1	0
企业培育	67.78	1	73.69	1	0
领军企业	44.81	4	47.39	1	−3
创业企业	90.75	1	100.00	1	0

续表

指标	2023 年		2022 年		排名变化
	得分	排名	得分	排名	
高质量创新创业	65.37	2	59.51	2	0
新兴产业	100.00	1	98.49	1	0
国际竞争力	30.74	10	20.52	19	9
创新网络化	54.29	1	60.83	1	0
内部合作创新	27.67	31	36.13	9	−22
跨城市合作创新	80.91	1	85.52	1	0
科技水平	54.00	6	50.22	7	1
基础支撑	63.85	2	59.91	2	0
科技投入	39.03	28	35.14	31	3
科技产出	59.13	2	55.62	2	0
环境与平台	87.38	1	86.79	1	0
营商环境	93.00	1	93.28	1	0
配套设施	81.75	1	80.30	1	0

　　五个维度中,北京的企业培育、创新网络化和环境与平台三项指标居全国首位,具有明显的科技创业优势。在科技水平方面表现相对较弱,排名第 6 位。从五个维度的得分来看(图 2-2),北京在环境与平台方面得分最高,具有明显的领先优势,在科技水平方面得分相对较低。

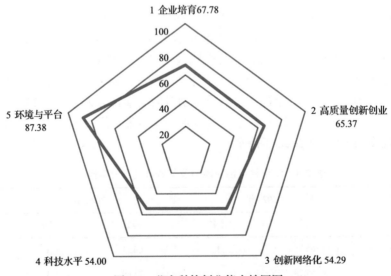

图 2-2　北京科技创业能力蛛网图

　　北京诸多优势基础指标,支撑了其整体科技创业能力(表 2-4)。具体来看,北京的新三板企业、在孵企业、战新产业、基础研究、知识产权保护等基础指标均连续两年在全国排名首位。

表 2-4　北京优势基础指标(部分)

指标	指标值		单位	名次		排名变化
	2022 年	2023 年		2022 年	2023 年	
新三板企业	81.09	81.50	家/百万人	1	1	0
在孵企业	594.24	565.97	家/万人	1	1	0
战新产业	13.35	15.84	件/万人	1	1	0
基础研究	57.12	70.62	篇/万人	1	1	0
知识产权保护	78.20	87.98	无单位	1	1	0

2023 年,北京主要有以下几个基础指标处于劣势(表 2-5)。高新企业增长率排名第 58 位,比 2022 年下降 50 位,高新企业增长相对缓慢。产品出口排名第 39 位,比 2022 年上升 6 位,高技术产品出口竞争力有所提升。产学研合作创新排名第 47 位,比 2022 年下降 2 位,产学研合作的潜力依然较大。科技人才排名第 34 位,与 2022 年持平。研发投入排名第 34 位,比 2022 年上升 2 位,整体投入水平仍有待提升。工业产值排名第 56 位,与 2022 年持平。

表 2-5　北京劣势基础指标(部分)

指标	指标值		单位	排名		排名变化
	2022 年	2023 年		2022 年	2023 年	
高新企业增长率	46.20	1.89	%	8	58	−50
产品出口	3.69	4.61	%	45	39	6
产学研合作创新	19.45	17.32	%	45	47	−2
科技人才	269.68	281.88	人/万人	34	34	0
研发投入	1.58	1.73	%	36	34	2
工业产值	429.67	539.44	万元/人	56	56	0

整体来看,北京环境与平台表现较好,而科技水平表现较差。北京在企业培育、研发投入等诸多方面具有明显优势,但是产品出口、科技人才和产学研合作创新等方面仍有待于提升。北京集聚了大量国内顶尖的高等学府和科研院所,为科技创业、科技成果转化等提供了强大的技术支撑。同时,北京也是国内最早设立高新技术产业园区并鼓励高新技术创业的城市,具有浓厚的科技创业底蕴与环境。经历三十多年的发展,北京已构建起完善的创业生态系统。

近年来,北京出台了一系列行动措施和政策方案,不断丰富和完善科技创业的政策工具,推动科技创业迈上新台阶。2023 年 12 月,北京市人民政府办公厅印发《北京市关于推动科技企业孵化器创新发展的指导意见》,通过完善创新创业生态系统,促进科技成果转化、培育高新技术企业、推动高精尖产业发展。2023 年 12 月,北京市就业工作领导小组办公室印发《北京市促进创业带动就业行动计划(2024—2026 年)》,推出减免税收，支持高校、科研机构专业技术人员兼职创业、离岗创业，鼓励高校允许学生将创业成果作为毕业论文等措施。2023 年 10 月北京市人民政府办公厅印发《北京市中关村国家自主创新示范区建设科创金融改革试验区实施方案》，提出"构建金融有效支持科技创新的体制机制"，为科技创业提供金融支持。2022 年 6 月，北京市人民政府办公厅印发《北京市支持高校毕业生就业创业若干措施》，提出打造"政府+高校+园区+市场"全链条创业服务模式，发挥中关村国家自主创新示范区资源优势，为优秀高校毕业生创业项目提供加速孵化服务。

2.3.2 深圳

2023 年深圳科技创业能力全国排名第 2 位。经济指标方面，2021 年深圳地区生产总值为 30 665 亿元，全国排名第 3 位；人均地区生产总值为 173 663 元，全国排名第 7 位；第二产业和第三产业增加值占地区生产总值的比重分别为 36.98% 和 62.94%。深圳科技创业能力排名高于地区生产总值和人均地区生产总值排名。

深圳科技创业能力及其各维度得分与排名如表 2-6 所示。分指标看，2023 年深圳企业培育排名第 2 位，比 2022 年上升 1 位；高质量创新创业排名第 1 位，与 2022 年持平；创新网络化排名第 33 位，比 2022 年下降 9 位，科技水平排名第 4 位，比 2022 年下降 1 位，环境与平台排名第 5 位，比 2022 年上升 1 位。

表 2-6　深圳科技创业能力及其各维度得分与排名

指标	2023 年		2022 年		排名变化
	得分	排名	得分	排名	
科技创业能力	52.59	2	53.44	2	0
企业培育	49.46	2	42.12	3	1
领军企业	53.44	2	34.39	6	4
创业企业	45.47	4	49.86	4	0
高质量创新创业	74.15	1	80.84	1	0
新兴产业	68.86	2	84.08	2	0
国际竞争力	79.45	1	77.61	1	0
创新网络化	23.47	33	26.00	24	−9
内部合作创新	15.54	52	16.27	50	−2
跨城市合作创新	31.40	13	35.74	10	−3
科技水平	55.32	4	59.38	3	−1
基础支撑	24.92	25	23.95	27	2
科技投入	80.66	3	95.21	1	−2
科技产出	60.40	1	58.98	1	0
环境与平台	60.56	5	58.85	6	1
营商环境	78.49	3	79.58	2	−1
配套设施	42.63	24	38.13	32	8

　　五个维度中，深圳的高质量创新创业指标全国排名首位，企业培育排名第 2 位。在创新网络化方面表现相对较弱，排名第 33 位。从五个维度的得分来看(图 2-3)，深圳在高质量创新创业方面得分最高，具有明显的领先优势，在创新网络化方面得分相对较低。

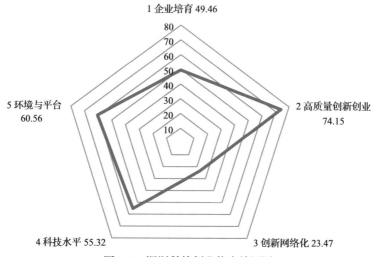

图 2-3　深圳科技创业能力蛛网图

　　2023 年，深圳诸多优势基础指标，支撑了其整体科技创业能力(表 2-7)。具体来看，研发投入和国际专利两个基础指标连续两年排名第 1 位；新三板企业和战新产业两个基础指标也连续两年排名第 2 位；风险投资排名第 3 位，比 2022 年下降 1 位。

表 2-7　深圳优势基础指标(部分)

指标	指标值		单位	名次		排名变化
	2023 年	2022 年		2023 年	2022 年	
新三板企业	49.18	49.84	家/百万人	2	2	0
风险投资	6556.71	5700.21	人/元	3	2	−1
战新产业	13.22	12.76	件/万人	2	2	0
国际专利	1078.22	898.98	件/万人	1	1	0
研发投入	5.15	4.75	%	1	1	0

　　2023 年，深圳主要有以下几个基础指标处于劣势(表 2-8)。内部合作强度排名第 49 位，比 2022 年下降 5 位，内部创新合作呈现下降趋势。产学研合作创新排名第 43 位，比 2022 年下降 6 位，深圳在促进产学研方面仍需要加强。跨城市合作强度排名第 52 位，比 2022 年上升 2 位，外部创新合作的潜力依然较大。科技人才排名第 58 位，与 2022 年持平，有待进一步加大人才培养和引进力度。医疗水平排名第 57 位，与 2022 年持平，医疗水平仍有待于进一步提高。基础教育排名第 45 位，比 2022 年下降 3 位，基础教育对科技创业的支撑依然不足。

表 2-8　深圳劣势基础指标（部分）

指标	指标值		单位	排名		排名变化
	2022 年	2023 年		2022 年	2023 年	
内部合作强度	2.19	2.38	%	44	49	−5
产学研合作创新	20.60	23.57	%	37	43	−6
跨城市合作强度	5.32	5.06	%	54	52	2
科技人才	65.96	62.39	人/万人	58	58	0
医疗水平	33.30	32.70	个/万人	57	57	0
基础教育	6.48	6.36	人/百人	42	45	−3

整体来看，深圳高质量创新创业表现最好，而创新网络化水平相对较低。深圳在国际专利、研发投入、新三板企业和战新产业等诸多方面具有明显优势，但是在科技人才、基础教育和产学研合作创新等方面仍有待于提升。深圳作为我国最早开放的经济特区之一，具有浓厚的创新创业氛围，已经孕育了华为、腾讯等多个国际知名的科技企业。随着在高科技、高等教育等方面的投入的增加，深圳为科技创业提供了良好的土壤。

近年来，深圳市相关部门出台了一系列政策文件，引导和促进各类人员就业创业，为科技创业提供政策保障。2023 年 4 月，深圳市人力资源和社会保障局等四部门联合印发《深圳市进一步支持港澳青年就业创业实施细则》，支持港澳青年融入粤港澳大湾区发展，并在场地、培训和补贴等方面为青年创业提供支持。2022 年 12 月深圳市人力资源和社会保障局印发《深圳市市级创业孵化基地管理办法》，提升运营管理服务专业化、精准化水平，充分发挥创业带动就业倍增效应。2022 年 11 月深圳市人力资源和社会保障局印发《深圳市留学人员创业补贴资金管理办法》，吸引和扶持留学人员来深创业，加强对深圳市留学人员创业补贴资金和留学人员创业（产业）园的管理。2022 年 5 月，深圳市退役军人事务局印发《深圳市退役军人就业创业教育培训机构监管办法》和《深圳市退役军人创业孵化示范基地评选办法》，持续优化退役军人创新创业环境，支持退役军人创新创业。

2.3.3　南京

2023 年南京科技创业能力全国排名第 3 位。经济指标方面，2021 年南京地区生产总值为 16 355 亿元，全国排名第 10 位；人均地区生产总值为 174 520 元，全国排名第 6 位；第二产业和第三产业增加值占地区生产总值的比重分别为 36.09%和 62.05%。南京科技创业能力排名高于地区生产总值和人均地区生产总值排名。

南京科技创业能力及其各维度得分与排名如表 2-9 所示。分指标看，2023 年南京在企业培育方面排名第 4 位，比 2022 年上升 1 位；高质量创新创业排名第 4 位，与 2022 年持平；创新网络化排名第 7 位，比 2022 年下降 4 位，科技水平排名第 2 位，比 2022 年下降 1 位，环境与平台排名第 3 位，与 2022 年持平。

表 2-9　南京科技创业能力及其各维度得分与排名

指标	2023 年		2022 年		排名变化
	得分	排名	得分	排名	
科技创业能力	49.94	3	51.03	3	0
企业培育	42.61	4	37.06	5	1
领军企业	54.63	1	21.75	16	15
创业企业	30.60	9	52.36	3	−6
高质量创新创业	40.19	4	45.17	4	0
新兴产业	54.22	4	60.52	4	0
国际竞争力	26.16	14	29.82	8	−6
创新网络化	35.95	7	39.50	3	−4
内部合作创新	31.06	23	33.91	15	−8
跨城市合作创新	40.83	3	45.10	3	0
科技水平	60.63	2	65.42	1	−1
基础支撑	74.35	1	81.21	1	0
科技投入	62.83	9	72.32	5	−4
科技产出	44.70	6	42.75	8	2
环境与平台	70.34	3	67.99	3	0
营商环境	67.70	7	67.42	7	0
配套设施	72.99	3	68.56	3	0

　　五个维度中，南京的科技水平排名第 2 位，环境与平台排名第 3 位，具有较强竞争力。在创新网络化方面表现相对较弱，排名第 7 位。整体来看，南京科技创业能力的五个维度的排名较为均衡，全部进入前十。从五个维度的得分来看(图 2-4)，南京在环境与平台方面得分最高，具有明显的领先优势，在创新网络化方面得分相对较低。

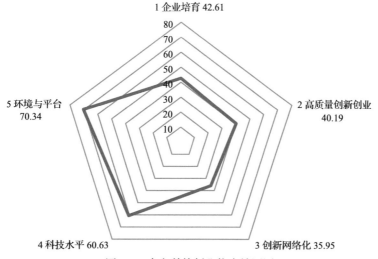

图 2-4　南京科技创业能力蛛网图

2023 年，南京诸多优势基础指标，支撑了其整体科技创业能力（表 2-10）。具体来看，高新企业增长率和科研产出两个基础指标排名第 1 位，其中，高新企业增长率较 2022 年提升 38 位，科研产出与 2022 年持平；绿色产业和基础研究两个基础指标排名第 2 位，其中，绿色产业比 2022 年下降 1 位，基础研究与 2022 年持平；创新领导力排名第 3 位，与 2022 年持平。

表 2-10　南京优势基础指标（部分）

指标	指标值		单位	排名		排名变化
	2023 年	2022 年		2023 年	2022 年	
高新企业增长率	154.98	16.11	%	1	39	38
绿色产业	12.74	13.52	件/万人	2	1	−1
创新领导力	54.60	52.65	无单位	3	3	0
科研产出	19.14	18.18	件/万人	1	1	0
基础研究	61.81	55.52	篇/万人	2	2	0

2023 年，南京主要有以下几个基础指标处于劣势（表 2-11）。产学研合作创新排名第 30 位，比 2022 年下降 8 位，依然需要持续推动产学研合作；跨城市合作强度排名第 21 位，比 2022 年下降 6 位，外部创新合作仍需加强；工业产值排名第 34 位，比 2022 年上升 1 位，整体排名依然不高。

表 2-11　南京劣势基础指标（部分）

指标	指标值		单位	排名		排名变化
	2023 年	2022 年		2023 年	2022 年	
产学研合作创新	30.11	33.51	%	30	22	−8
跨城市合作强度	11.17	10.89	%	21	15	−6
工业产值	1093.79	987.42	万元/人	34	35	1

整体来看，南京在环境与平台方面表现最好，而创新网络化水平相对较低。南京在高新企业增长率、科研产出、绿色产业和基础研究等诸多方面具有明显优势，但是在工业产值和产学研合作创新等方面仍有待于提升。南京是中国东部地区重要的中心城市，是全国重要的科研教育基地和综合交通枢纽，丰富的科教资源为科技创业提供了有利条件。

近年来，南京市相关部门出台了一系列政策文件，优化创新创业资源配置，为科技创业营造了良好环境。2024 年 2 月，南京市人民政府办公厅印发《推动科创金融高质量发展若干政策措施》，加大金融支持科技创新力度，推动"科技—产业—金融"良性循环，着力为科创企业提供全生命周期的多元化接力式金融服务。2023 年 6 月，南京市人民政府办公厅印发《2023 年度南京市建设科创金融改革试验区工作要点》，从推进科创金融专业化服务体系建设、推动科创金融产品和服务创新、强化多层次资本市场建设和运用、加强科创金融改革协同联动、推进科技赋能金融和优化科创金融生态等六个方面，全面促进科创金融改革试验区建设，为科技创业营造良好的金融环境。2022 年 12 月，南京市人民政府印发《促进高新技术产业开发区高质量发展的实施意见》，通过持续深化体制机制改革，集聚一批高端创新资源等方式，建设具有世界影响力的高科技园区，为科技创业奠定基础。2022 年 12 月，南京市人民政府印发《南京国家人工智能创新应用先导区建设实施方案》，促进人工智能深度赋能实体经济，培育经济增长新动能。

2.3.4　杭州

2023 年杭州科技创业能力全国排名第 4 位。经济指标方面，2021 年杭州地区生产总值为 18 109 亿元，全国排名第 8 位；人均地区生产总值为 149 857 元，全国排名第 15 位；第二产业和第三产业增加值占地区生产总值的比重分别为 30.31% 和 67.85%。杭州科技创业能力排名高于地区生产总值和人均地区生产总值排名。

杭州科技创业能力及其各维度得分与排名如表 2-12 所示。分指标看，2023 年杭州在企业培育方面排名第 6 位，比 2022 年上升 1 位；高质量创新创业排名第 5 位，与 2022 年持平；创新网络化排名第 15 位，比 2022 年上升 5 位，科技水平排名第 7 位，比 2022 年下降 1 位，环境与平台排名第 4 位，与 2022 年持平。

表 2-12　杭州科技创业能力及其各维度得分与排名

指标	2023 年		2022 年		排名变化
	得分	排名	得分	排名	
科技创业能力	45.09	4	43.53	5	1
企业培育	36.21	6	32.91	7	1
领军企业	34.96	8	29.83	10	2
创业企业	37.45	7	36.00	7	0
高质量创新创业	39.55	5	40.15	5	0
新兴产业	57.14	3	61.41	3	0
国际竞争力	21.96	17	18.90	22	5
创新网络化	30.74	15	28.12	20	5
内部合作创新	30.14	26	23.90	32	6
跨城市合作创新	31.34	14	32.33	13	−1
科技水平	53.27	7	53.34	6	−1
基础支撑	48.90	5	44.18	6	1
科技投入	60.33	15	66.55	9	−6
科技产出	50.56	4	49.28	3	−1
环境与平台	65.68	4	63.13	4	0
营商环境	66.53	9	63.62	12	3
配套设施	64.83	5	62.63	4	−1

　　五个维度中，杭州的环境与平台指标排名第 4 位，高质量创新创业排名第 5 位，具有较强竞争力。在创新网络化方面表现相对较弱，排名第 15 位。从五个维度的得分来看（图 2-5），杭州在环境与平台方面得分最高，具有明显的领先优势，在创新网络化方面得分相对较低。

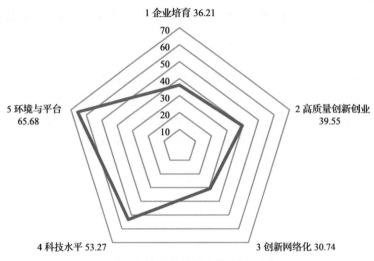

图 2-5　杭州科技创业能力蛛网图

　　2023 年，杭州诸多优势基础指标，支撑了其整体科技创业能力（表 2-13）。具体来看，数字经济指标排名第 2 位，比 2022 年上升 1 位；战新产业和发明专利两个基础指标排名第 3 位，且均比 2022 年上升 1 位；风险投资和科研产出两个基础指标排名第 4 位，其中，科研产出排名与 2022 年持平，风险投资比 2022 年上升 1 位。

表 2-13　杭州优势基础指标（部分）

指标	指标值		单位	排名		排名变化
	2023 年	2022 年		2023 年	2022 年	
风险投资	4519.70	3848.79	人/元	4	5	1
战新产业	9.47	8.51	件/万人	3	4	1
数字经济	1.95	2.97	件/家	2	3	1
科研产出	11.59	9.28	件/万人	4	4	0
发明专利	37.19	35.29	件/万人	3	4	1

　　2023 年，杭州主要有以下几个基础指标处于劣势（表 2-14）。产品出口排名第 27 位，比 2022 年上升 1 位；产学研合作创新排名第 25 位，比 2022 年上升 4 位；跨城市合作强度排名第 36 位，比 2022 年上升 2 位；工业产值排名第 28 位，比 2022 年下降 4 位。

表 2-14　杭州劣势基础指标（部分）

指标	指标值		单位	排名		排名变化
	2023 年	2022 年		2023 年	2022 年	
产品出口	9.46	8.69	%	27	28	1
产学研合作创新	33.45	30.03	%	25	29	4
跨城市合作强度	9.12	7.54	%	36	38	2
工业产值	1205.80	1148.91	万元/人	28	24	−4

整体来看，杭州在环境与平台维度表现最好，而创新网络化水平相对较低。杭州在数字经济、战新产业、发明专利和科研产出等诸多方面具有明显优势，但是在产学研合作创新、产品出口和工业产值等方面仍有待于提升。杭州作为数字经济领头企业，在培育新兴产业方面表现出明显优势，截至 2023 年，连续 13 年入选"外籍人才眼中最具吸引力的中国城市"，人才净流入率保持全国大中城市首位。

近年来，杭州市高度重视以大学生为主体的科技创业，先后出台多个相关文件，完善科技创业支撑体系。2023 年 12 月，杭州市人力资源和社会保障局联合杭州市财政局印发《关于优化调整就业创业政策措施全力促发展惠民生的通知》，鼓励创业带动就业，并对科技创业提供各类补贴和支持。2023 年 3 月，杭州市人力资源和社会保障局等四部门联合印发《杭州市创业担保贷款实施办法》，促进创业担保贷款工作发展，进一步促进创业带动就业。杭州市高度重视大学生创新创业，先后印发《杭向未来·大学生创业创新三年行动计划（2020—2022 年）》和《杭向未来·大学生创新创业三年行动计划（2023—2025 年）》，完善大学生创新创业体系，打造一批具有全国影响力的大学生创新创业平台和"新锐杭商"，推动大学生就业创业高质量发展。《杭向未来·大学生创新创业三年行动计划（2023—2025 年）》指出："到 2025 年，全市集聚 100 万名 35 岁以下大学生来杭就业创业，力争达到 120 万名；推动新创办大学生创业企业 1 万家以上，带动就业 2 万人以上。"

2.3.5　上海

2023 年上海科技创业能力全国排名第 5 位。经济指标方面，2021 年上海地区生产总值为 43 215 亿元，全国排名第 1 位；人均地区生产总值为 173 600 元，全国排名第 8 位；第二产业和第三产业增加值占地区生产总值比重分别为 26.49% 和 73.27%。上海科技创业能力排名低于地区生产总值排名，但高于人均地区生产总值排名。

上海科技创业能力及其各维度得分与排名如表 2-15 所示。分指标看，2023 年上海在企业培育方面排名第 3 位，比 2022 年下降 1 位；高质量创新创业排名第 12 位，与 2022 年持平；创新网络化排名第 6 位，与 2022 年持平；科技水平排名第 20 位，比 2022 年下降 2 位；环境与平台排名第 2 位，与 2022 年持平。

表 2-15　上海科技创业能力及其各维度得分与排名

指标	2023 年		2022 年		排名变化
	得分	排名	得分	排名	
科技创业能力	44.84	5	44.42	4	−1
企业培育	45.53	3	47.18	2	−1
领军企业	38.10	7	31.63	9	2
创业企业	52.97	3	62.72	2	−1
高质量创新创业	28.26	12	26.77	12	0
新兴产业	33.59	5	35.66	6	1
国际竞争力	22.93	16	17.88	24	8
创新网络化	36.02	6	34.85	6	0
内部合作创新	23.52	43	24.10	31	−12
跨城市合作创新	48.52	2	45.61	2	0
科技水平	34.19	20	36.55	18	−2
基础支撑	31.51	15	31.38	14	−1
科技投入	27.99	40	35.50	30	−10
科技产出	43.08	7	42.78	7	0
环境与平台	80.22	2	76.75	2	0
营商环境	79.32	2	75.19	4	2
配套设施	81.13	2	78.30	2	0

　　五个维度中,上海的环境与平台排名第 2 位,企业培育排名第 3 位,具有较强竞争力。在科技水平维度表现相对较弱,排名第 20 位,且比 2022 年下降 2 位,仍有待于进一步提升。从五个维度的得分来看(图 2-6),上海在环境与平台维度得分最高,具有明显的领先优势,在高质量创新创业维度得分相对较低。

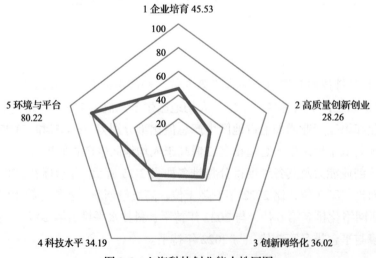

图 2-6　上海科技创业能力蛛网图

2023 年，上海诸多优势基础指标，支撑了其整体科技创业能力(表 2-16)。具体来看，金融发展水平和休闲与文化均排名第 1 位，其中，金融发展水平与 2022 年持平，休闲与文化比 2022 年上升 1 位；创新领导力和创新信息优势连续两年排名第 2 位；风险投资和科技企业均排名第 3 位，其中，风险投资比 2022 年下降 1 位，科技企业与 2022 年持平。

表 2-16　上海优势基础指标(部分)

指标	指标值		单位	排名		排名变化
	2023 年	2022 年		2023 年	2022 年	
金融发展水平	458.97	431.93	无单位	1	1	0
休闲与文化	3.30	3.25	本/人	1	2	1
创新领导力	64.35	54.32	无单位	2	2	0
创新信息优势	184.89	148.94	无单位	2	2	0
风险投资	4687.41	7700.55	人/元	3	2	−1
科技企业	36.22	28.51	家/万人	3	3	0

2023 年，上海主要有以下几个基础指标处于劣势(表 2-17)。众创空间和工业产值均排名第 44 位，其中，众创空间比 2022 年下降 6 位，工业产值比 2022 年下降 3 位；研发人员排名第 41 位，比 2022 年下降 11 位；科技人才排名第 40 位，比 2022 年下降 2 位；产学研合作创新排名第 39 位，比 2022 年下降 5 位；研发投入排名第 37 位，比 2022 年下降 8 位。

表 2-17　上海劣势基础指标(部分)

指标	指标值		单位	排名		排名变化
	2023 年	2022 年		2023 年	2022 年	
众创空间	126.78	140.84	个/万人	44	38	−6
工业产值	817.20	814.60	万元/人	44	41	−3
研发人员	4.19	6.18	人/万人	41	30	−11
科技人才	220.43	217.32	人/万人	40	38	−2
产学研合作创新	24.18	24.70	%	39	34	−5
研发投入	1.54	1.81	%	37	29	−8

整体来看，上海在环境与平台方面表现最好，而高质量创新创业水平相对较低。上海在金融发展水平、创新领导力和风险投资等诸多方面具有明显优势，但是在众创空间、科技人才、研发投入等方面仍有待于提升。上海作为金融中心和国际科技创新中心，集聚了诸多大型国有企业和外资企业，也拥有多所国内顶尖高校，具备培育科技企业的良好条件。

近年来，上海市高度重视创新创业工作，针对各类创业群体出台了一系列政策文件，不断夯实科技创业制度基础。2023 年 12 月，上海市人民政府办公厅印发《上海市大学科技园改革发展行动方案》，加速推进上海市大学科技园高质量发展，强化大学科技园科技成果转化、科技企业孵化等核心功能。2023 年 12 月，上海市人民政府办公厅印发《关于进一步促进上海股权投资行业高质量发展的若干措施》，其中强调，完善政府引导基金体系，加强市、区两级政府引导基金联动，强化对投早投小投科技的引导支持。2023 年 10 月，上海市科学技术委员会等四部门联合印发《上海市科技创新创业载体管理办法》，进一步提升全市科技创新创业载体发展效能，营造良好的创新创业环境。2023 年 6 月上海市人力资源和社会保障局等八部门联合印发《上海市关于实施重点群体创业推进行动工作方案》，推出"创业环境优化"计划等十一项支持创业的计划，到 2024 年底，力争实现每年创业组织创业帮扶不少于 1 万户，青年大学生参与创业实践不少于 2 万人。

2.4　重点区域

鉴于不同地区在地理位置、资源禀赋、产业基础等方面的异质性，区域创新和创业生态系统具有典型的根植性特征。同样，科技创业具有一定的地理集聚现象。为更好地展示科技创业地理集聚特征，本书对重点区域进行分析。

2.4.1　京津冀地区

京津冀地区是中国的"首都经济圈"，包括北京、天津两大直辖市及河北省。其中，北京、天津、保定、廊坊为京津冀地区的核心功能区。京津冀地区有四个城市纳入评价，分别为北京、天津、石家庄和唐山。京津冀地区城市科技创业能力及其各维度得分如表 2-18 所示。整体来看，京津冀地区各城市的科技创业能力及其各维度得分的地区平均水平均高于全国平均水平，地区科技创业能力领先于全国。其中，环境与平台得分最高，达到 47.77，京津冀地区为科技创业提供了良好的外部环境和平台支撑。高质量创新创业得分最低，为 21.77，在高质量的创新产出方面依然有待进一步提升。

表 2-18　京津冀地区城市科技创业能力及其各维度得分

城市	科技创业能力	企业培育	高质量创新创业	创新网络化	科技水平	环境与平台
全国均值	26.77	19.46	16.69	25.57	30.76	41.38
地区均值	32.65	28.56	21.77	31.71	33.45	47.77
北京	65.76	67.78	65.37	54.29	54.00	87.38
天津	29.69	30.61	12.56	30.31	29.62	45.33
石家庄	20.39	9.67	5.96	29.98	32.87	23.50
唐山	14.75	6.17	3.18	12.25	17.31	34.86
耦合协同度	0.48	0.35	0.24	0.50	0.53	0.61

从各城市得分来看，北京科技创业能力得分最高，其次为天津，唐山最低。其中，北京和天津的科技创业能力得分高于全国平均水平，而石家庄和唐山的科技创业能力得分低于全国平均水平。从五个维度来看，北京五个维度的得分均高于全国平均水平，在

京津冀地区处于明显的领先地位；天津高质量创新创业和科技水平两个维度的得分低于全国平均水平，其他三个维度的得分均高于全国平均水平；石家庄创新网络化和科技水平两个维度的得分高于全国平均水平，另外三个维度的得分低于全国平均水平；唐山五个维度的得分均低于全国平均水平，处于全面追赶地位。

本书进一步计算了四个城市之间的耦合协同度，结果表明，四个城市在科技创业能力方面的耦合协同度为 0.48，处于濒临失调阶段；从各个维度的耦合协同度来看，企业培育和高质量创新创业耦合协同度均低于 0.4，基本处于失调状态；而创新网络化、科技水平、环境与平台的耦合协同度不低于 0.5，其中，环境与平台的耦合协同度最高，为0.61，处于初级协调状态。

2.4.2　长三角地区

长三角地区是中国经济发展最活跃、开放程度最高、创新能力最强的区域之一。推动长三角地区一体化发展，增强长三角地区的创新能力和竞争能力，提高经济集聚度、区域连接性和政策协同效率，对引领全国经济高质量发展、建设现代化经济体系意义重大。长三角地区有 16 个城市纳入评价，分别为南京、杭州、上海、苏州、合肥、无锡、常州、宁波、南通、扬州、嘉兴、绍兴、徐州、盐城、泰州和温州。长三角地区城市科技创业能力及其各维度得分如表 2-19 所示。整体来看，长三角地区各城市的科技创业能力的地区均值高于全国均值；从五个维度的平均得分情况来看，除创新网络化外，其他四个维度的地区均值均高于全国均值。其中，环境与平台维度的地区均值最高，达到53.57，为科技创业提供了良好的外部环境和平台支撑。创新网络化维度的地区均值最低，为 20.68，长三角地区在合作创新方面仍有待提升。

表 2-19　长三角地区城市科技创业能力及其各维度得分

城市	科技创业能力	企业培育	高质量创新创业	创新网络化	科技水平	环境与平台
全国均值	26.77	19.46	16.69	25.57	30.76	41.38
地区均值	30.79	22.47	23.39	20.68	33.83	53.57
南京	49.94	42.61	40.19	35.95	60.63	70.34
杭州	45.09	36.21	39.55	30.74	53.27	65.68
上海	44.84	45.53	28.26	36.02	34.19	80.22
苏州	41.60	32.03	46.98	20.06	52.90	56.05
合肥	34.67	22.53	31.23	26.49	54.09	39.02
无锡	34.03	23.73	33.86	25.76	33.54	53.24
常州	26.98	23.77	21.56	12.79	27.61	49.17
宁波	26.34	15.64	20.33	18.76	32.81	44.15
南通	25.67	16.84	16.67	17.99	23.75	53.10
扬州	25.59	10.52	16.52	12.79	36.20	51.91
嘉兴	25.00	19.38	20.39	12.16	22.65	50.43

续表

城市	科技创业能力	企业培育	高质量创新创业	创新网络化	科技水平	环境与平台
绍兴	24.90	10.39	18.26	14.12	30.23	51.51
徐州	24.23	10.52	6.01	29.63	32.91	42.09
盐城	22.86	18.10	11.18	20.64	14.35	50.01
泰州	21.25	20.75	12.31	6.68	14.59	51.94
温州	19.60	10.97	10.97	10.36	17.50	48.20
耦合协同度	0.53	0.42	0.42	0.41	0.53	0.72

从各城市的科技创业能力得分情况来看，南京最高，其次为杭州，温州最低；南京、杭州、上海、苏州、合肥、无锡和常州 7 个城市的得分高于全国平均水平，而宁波等 9 个城市的得分低于全国水平。从五个维度来看，在企业培育方面，上海等 8 个城市的得分高于全国平均水平；在高质量创新创业方面，苏州等 10 个城市的得分高于全国平均水平；在创新网络化方面，上海等 6 个城市的得分高于全国平均水平；在科技水平方面，南京等 9 个城市的得分高于全国平均水平；在环境与平台方面，上海等 15 个城市的得分高于全国平均水平。综合来看，长三角地区的城市在环境与平台方面普遍做得比较好，而在创新网络化方面则相对落后。

本书进一步计算了 16 个城市之间的耦合协同度，结果表明，16 个城市在科技创业能力方面的耦合协同度为 0.53，处于勉强协调阶段；从各个维度的耦合协同度来看，企业培育、高质量创新创业和创新网络化耦合协同度均低于 0.5，基本处于失调状态；而科技水平、环境与平台的耦合协同度高于 0.5，其中，环境与平台的耦合协同度最高，为 0.72，处于中级协调状态。

2.4.3 粤港澳大湾区

粤港澳大湾区建设旨在促进广东省、香港特别行政区和澳门特别行政区的协同发展，打造世界级城市群和经济区。粤港澳大湾区有四个城市纳入评价，分别为深圳、广州、佛山和东莞。粤港澳大湾区城市科技创业能力及其各维度得分如表 2-20 所示。整体来看，

表 2-20 粤港澳大湾区城市科技创业能力及其各维度得分

城市	科技创业能力	企业培育	高质量创新创业	创新网络化	科技水平	环境与平台
全国均值	26.77	19.46	16.69	25.57	30.76	41.38
地区均值	37.59	34.43	37.94	24.00	39.91	51.69
深圳	52.59	49.46	74.15	23.47	55.32	60.56
广州	38.06	34.66	25.03	27.75	44.76	58.07
佛山	31.72	31.62	22.80	23.44	34.97	45.77
东莞	27.99	21.97	29.76	21.32	24.58	42.34
耦合协同度	0.60	0.56	0.54	0.49	0.60	0.71

粤港澳大湾区城市科技创业能力的地区均值高于全国均值;从五个维度的平均得分来看,除创新网络化外,其他四个维度的地区均值均高于全国均值。其中,环境与平台得分最高,达到 51.69,为科技创业提供了良好的外部环境和平台支撑。创新网络化得分最低,为 24.00,粤港澳大湾区在合作创新方面仍有待提升。

从各城市的科技创业能力得分来看,深圳最高,其次为广州,东莞最低。四个城市的科技创业能力得分均高于全国均值。从五个维度来看,在企业培育、高质量创新创业和环境与平台三个维度上,四个城市的得分均高于全国均值;在创新网络化方面,只有广州的得分高于全国均值,其他三个城市的得分均低于全国均值;在科技水平方面,深圳、广州和佛山的得分高于全国均值。综合来看,粤港澳大湾区的城市在企业培育、高质量创新创业等方面普遍做得比较好,而在创新网络化方面则相对落后。

本书进一步计算了四个城市之间的耦合协同度,结果表明,四个城市在科技创业能力方面的耦合协同度为 0.60,处于初级协调阶段;从各个维度的耦合协同度来看,只有创新网络化的耦合协同度略低于 0.5,处于濒临失调状态;企业培育、高质量创新创业、科技水平、环境与平台四个维度的耦合协同度均高于 0.5,粤港澳大湾区整体耦合协同度较高,其中,环境与平台的耦合协同度最高,为 0.71,处于中级协调状态。

2.4.4　黄河流域

黄河流域有 15 个城市纳入评价,分别为青岛、成都、济南、西安、太原、郑州、西宁、烟台、潍坊、鄂尔多斯、洛阳、兰州、临沂、银川和榆林。黄河流域城市科技创业能力及其各维度得分如表 2-21 所示。整体来看,黄河流域城市科技创业能力地区均值低于全国均值。从五个维度的平均得分来看,除创新网络化外,其他四个维度的地区均值均低于全国均值,其中,创新网络化的地区均值最高,达到 27.95,创新之间的合作较为广泛;高质量创新创业的地区均值最低,为 10.57,创新创业的质量仍有待提升。

表 2-21　黄河流域城市科技创业能力及其各维度得分

城市	科技创业能力	企业培育	高质量创新创业	创新网络化	科技水平	环境与平台
全国均值	26.77	19.46	16.69	25.57	30.76	41.38
地区均值	23.67	16.31	10.57	27.95	27.67	35.85
青岛	34.74	20.56	29.41	37.86	42.02	43.87
成都	34.53	19.36	29.81	38.91	45.21	39.35
济南	33.37	18.32	16.92	33.68	44.76	53.17
西安	31.35	16.21	16.87	36.36	56.36	30.94
太原	25.89	36.68	4.76	23.03	23.66	41.32
郑州	25.47	15.00	8.45	33.16	30.30	40.45
西宁	23.24	24.85	2.73	49.48	10.56	28.56
烟台	21.94	9.40	9.34	18.08	26.38	46.49
潍坊	20.13	11.79	11.73	10.68	21.08	45.37

续表

城市	科技创业能力	企业培育	高质量创新创业	创新网络化	科技水平	环境与平台
鄂尔多斯	20.02	11.90	11.85	22.37	23.71	30.29
洛阳	19.14	11.98	4.25	18.10	29.62	31.77
兰州	18.53	8.85	4.18	27.50	19.52	32.59
临沂	17.04	21.76	3.42	16.35	14.19	29.50
银川	15.54	11.62	4.65	26.78	16.94	17.72
榆林	14.11	6.33	0.20	26.88	10.73	26.40
耦合协同度	0.47	0.37	0.20	0.49	0.47	0.58

从各城市的科技创业能力得分来看，青岛最高，其次为成都，榆林最低；青岛、成都、济南和西安 4 个城市的得分高于全国平均水平，太原等 11 个城市的得分低于全国平均水平。从各维度来看，在企业培育方面，太原等 4 个城市的得分高于全国平均水平；在高质量创新创业方面，成都等 4 个城市的得分高于全国平均水平；在创新网络化方面，西宁等 9 个城市的得分高于全国平均水平；在科技水平方面，西安等 4 个城市的得分高于全国平均水平；在环境与平台方面，济南等 4 个城市的得分高于全国平均水平。综合来看，黄河流域的城市在创新网络化方面做得相对较好。

本书进一步计算了 15 个城市之间的耦合协同度，结果表明，15 个城市在科技创业能力方面的耦合协同度为 0.47，处于濒临失调阶段；从各个维度的耦合协同度来看，只有环境与平台的耦合协同度高于 0.5，处于勉强协调阶段，其他四个维度的耦合协同度均低于 0.5，其中，高质量创新创业的耦合协同度最低，仅为 0.20，处于中度失调阶段。

第3章　科技创业的企业培育分析

3.1　总　体　概　述

企业培育是推动城市科技创业蓬勃发展的关键环节。本书通过城市对领军企业和创业企业两类企业的培育，评价目标城市的企业培育能力。2023年主要城市在科技创业的企业培育指标维度呈现以下特征。

第一，城市间企业培育能力差距较为悬殊，东部城市表现相对突出。其中，经济发展水平居于前列的北京、深圳和上海，占据了科技创业的企业培育能力的前三名。排名前十的城市中，除太原外，均为东部城市。西部城市的企业培育能力普遍偏低，西宁是排名最高的西部城市，排名第12位。

第二，城市在领军企业和创业企业两个维度的排名存在差异。北京在创业企业培育方面排名第1位，而在领军企业培育方面排名第4位；南京则在领军企业培育方面排名第1位，而在创业企业培育方面仅排名第9位。以盐城、海口、临沂为代表的25个城市，其在领军企业维度的排名高于企业培育能力综合排名。以沈阳、贵阳、绍兴为代表的33个城市，其在创业企业维度的排名高于企业培育能力综合排名。

第三，城市企业培育能力排名的格局在2022年和2023年发生了较大幅度的变化。在前十名的城市中，太原和佛山分别上升了15位和16位，进步迅猛。比较2022年与2023年，有8个城市的排名攀升了超过10位，其中盐城和呼和浩特的位次上升得最多，分别上升18位和17位。另外，有5个城市的排名下滑了超过10位，仅有8个城市的排名位次近两年没有发生变化。

3.1.1　综合得分与排名

如图3-1所示，在企业培育方面，2023年北京排名第1位，深圳和上海分别排名第2位和第3位，南京和太原分别排名第4位和第5位。进入前十的城市还有杭州、广州、苏州、佛山和厦门。结合地区生产总值水平来看，经济发达地区在培育优质企业上有较强能力。

从企业培育的梯队分布来看，北京、深圳、上海和南京处于第一梯队，综合得分超过40；太原、杭州、广州、苏州、佛山、厦门和天津处于第二梯队，综合得分在30—40；西宁等11个城市处于第三梯队，综合得分在20—30；呼和浩特等36个城市处于第四梯队，综合得分低于20。城市之间的得分差异较大，其中，北京以67.78的得分，占据了优势领先地位，领先第二名深圳超过18分。

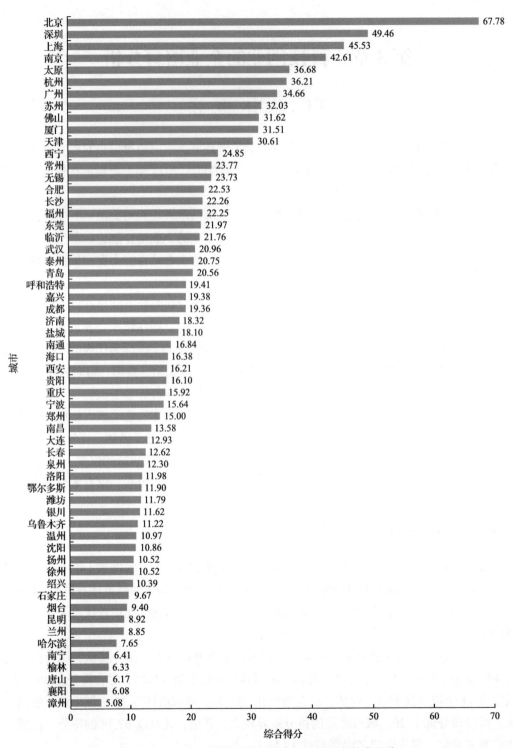

图 3-1　2023 年中国城市科技创业的企业培育综合得分

3.1.2　排名变化

从排名变化情况来看，2023 年企业培育指标排名上升的城市有 23 个，其中排名上升超过 10 位的城市包括：盐城(18 位)、呼和浩特(17 位)、福州(16 位)、佛山(16 位)、太原(15 位)、泉州(14 位)、大连(13 位)、长沙(12 位)。与此同时，多个城市的排名下滑严重，其中哈尔滨下滑幅度最大(−23 位)，其他下降位数超过 10 位的城市包括乌鲁木齐(−17 位)、昆明(−16 位)、绍兴(−12 位)、郑州(−11 位)。除此之外，漳州、襄阳和唐山的企业培育指标排名在 2022 年和 2023 年都相对靠后(表 3-1)。

表 3-1　城市企业培育指标排名变化

城市	排名		排名变化	城市	排名		排名变化	城市	排名		排名变化
	2023 年	2022 年			2023 年	2022 年			2023 年	2022 年	
北京	1	1	0	泰州	21	12	−9	潍坊	41	43	2
深圳	2	3	1	青岛	22	19	−3	银川	42	48	6
上海	3	2	−1	呼和浩特	23	40	17	乌鲁木齐	43	26	−17
南京	4	5	1	嘉兴	24	21	−3	温州	44	44	0
太原	5	20	15	成都	25	22	−3	沈阳	45	41	−4
杭州	6	7	1	济南	26	16	−10	扬州	46	50	4
广州	7	4	−3	盐城	27	45	18	徐州	47	46	−1
苏州	8	9	1	南通	28	27	−1	绍兴	48	36	−12
佛山	9	25	16	海口	29	29	0	石家庄	49	39	−10
厦门	10	6	−4	西安	30	38	8	烟台	50	51	1
天津	11	8	−3	贵阳	31	34	3	昆明	51	35	−16
西宁	12	11	−1	重庆	32	32	0	兰州	52	53	1
常州	13	13	0	宁波	33	24	−9	哈尔滨	53	30	−23
无锡	14	14	0	郑州	34	23	−11	南宁	54	58	4
合肥	15	10	−5	南昌	35	37	2	榆林	55	54	−1
长沙	16	28	12	大连	36	49	13	唐山	56	56	0
福州	17	33	16	长春	37	31	−6	襄阳	57	55	−2
东莞	18	18	0	泉州	38	52	14	漳州	58	57	−1
临沂	19	15	−4	洛阳	39	47	8				
武汉	20	17	−3	鄂尔多斯	40	42	2				

注：表中排名变化中正数为排名上升位数，负数为排名下降位数

3.1.3　二级指标分析

如表 3-2 所示，在领军企业指标方面，南京全国排名第 1 位，得分为 54.63，深圳紧

随其后，排名第 2 位，得分为 53.44，佛山、北京和厦门分别排名第 3 位、第 4 位和第 5
位。在领军企业维度排名进入前十的城市还包括临沂、上海、杭州、泰州和西宁。排名
后五位的城市依次为漳州、襄阳、南宁、兰州、沈阳。与企业培育指标排名进行对比，
发现领军企业指标排名高于其企业培育指标排名的城市有 25 个，其中，排名差距大于
10 位的城市有盐城(12/27)、海口(15/29)、临沂(6/19)、鄂尔多斯(27/40)、泰州(9/21)、
泉州(26/38)、榆林(44/55)和南通(17/28)。领军企业指标排名低于企业培育指标排名的
城市有 27 个，其中，排名差距大于 10 位的城市有太原(40/5)、天津(31/11)、贵阳(49/31)、
合肥(28/15)和成都(38/25)。

表 3-2　2023 年中国城市企业培育各维度得分与排名

城市	企业培育		领军企业		创业企业	
	得分	排名	得分	排名	得分	排名
北京	67.78	1	44.81	4	90.75	1
深圳	49.46	2	53.44	2	45.47	4
上海	45.53	3	38.10	7	52.97	3
南京	42.61	4	54.63	1	30.60	9
太原	36.68	5	13.64	40	59.72	2
杭州	36.21	6	34.96	8	37.45	7
广州	34.66	7	31.37	11	37.95	6
苏州	32.03	8	28.92	14	35.13	8
佛山	31.62	9	46.64	3	16.59	23
厦门	31.51	10	43.57	5	19.44	18
天津	30.61	11	16.88	31	44.33	5
西宁	24.85	12	31.64	10	18.07	19
常州	23.77	13	27.53	16	20.01	16
无锡	23.73	14	24.26	20	23.20	13
合肥	22.53	15	17.78	28	27.28	10
长沙	22.26	16	20.12	24	24.40	11
福州	22.25	17	30.09	13	14.41	31
东莞	21.97	18	25.89	18	18.05	20
临沂	21.76	19	38.51	6	5.00	54
武汉	20.96	20	21.18	22	20.73	15
泰州	20.75	21	32.85	9	8.64	42
青岛	20.56	22	25.42	19	15.70	26
呼和浩特	19.41	23	22.34	21	16.49	25
嘉兴	19.38	24	19.22	25	19.54	17
成都	19.36	25	14.33	38	24.39	12

续表

城市	企业培育		领军企业		创业企业	
	得分	排名	得分	排名	得分	排名
济南	18.32	26	20.15	23	16.50	24
盐城	18.10	27	30.82	12	5.38	52
南通	16.84	28	26.96	17	6.72	44
海口	16.38	29	28.64	15	4.13	57
西安	16.21	30	17.47	29	14.96	28
贵阳	16.10	31	9.14	49	23.07	14
重庆	15.92	32	15.07	33	16.78	22
宁波	15.64	33	13.74	39	17.55	21
郑州	15.00	34	15.04	34	14.95	29
南昌	13.58	35	14.66	35	12.50	33
大连	12.93	36	16.08	32	9.78	40
长春	12.62	37	10.51	46	14.74	30
泉州	12.30	38	18.58	26	6.01	50
洛阳	11.98	39	17.39	30	6.57	47
鄂尔多斯	11.90	40	18.18	27	5.62	51
潍坊	11.79	41	12.19	43	11.39	37
银川	11.62	42	14.34	37	8.91	41
乌鲁木齐	11.22	43	9.99	48	12.44	34
温州	10.97	44	10.42	47	11.52	35
沈阳	10.86	45	6.65	54	15.06	27
扬州	10.52	46	14.34	36	6.71	45
徐州	10.52	47	13.30	41	7.75	43
绍兴	10.39	48	8.06	50	12.72	32
石家庄	9.67	49	7.90	52	11.44	36
烟台	9.40	50	12.34	42	6.46	48
昆明	8.92	51	7.03	53	10.81	39
兰州	8.85	52	6.58	55	11.12	38
哈尔滨	7.65	53	11.06	45	4.23	56
南宁	6.41	54	6.19	56	6.62	46
榆林	6.33	55	11.42	44	1.23	58
唐山	6.17	56	8.01	51	4.33	55
襄阳	6.08	57	5.76	57	6.39	49
漳州	5.08	58	4.97	58	5.18	53

在创业企业指标方面，北京全国排名第 1 位，得分为 90.75，领先优势明显，排名第 2 位的则是太原，得分为 59.72，上海、深圳、天津分别排名第 3 位、第 4 位和第 5 位。在创业企业维度排名进入前十的城市还包括广州、杭州、苏州、南京和合肥。与企业培育指标排名进行对比，发现创业企业指标排名高于其企业培育指标排名的城市有 33 个，其中，排名差距大于 10 位的城市有沈阳(27/45)、贵阳(14/31)、绍兴(32/48)、兰州(38/52)、成都(12/25)、石家庄(36/49)、宁波(21/33)和昆明(39/51)。创业企业指标排名低于企业培育指标排名的城市有 22 个，其中，排名差距大于 10 位的城市有临沂(54/19)、海口(57/29)、盐城(52/27)、泰州(42/21)、南通(44/28)、佛山(23/9)、福州(31/17)、泉州(50/38)和鄂尔多斯(51/40)。

3.2　领先地区

3.2.1　北京

2023 年北京的企业培育水平排全国第 1 位，连续两年占据全国领先位置。其中，如图 3-2 所示，北京在创业企业指标上的领先地位尤为明显，其 90.75 的指标值远远高于全国平均水平(18.20)；而其在领军企业指标上的表现则略为逊色，指标值为 44.81，居于全国第 4 位。进一步分析可以发现，领军企业指标值较低的原因在于，北京高新企业增长率较低，较多的高新技术企业数量导致其很难实现高速增长。

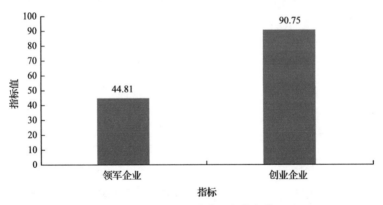

图 3-2　北京企业培育二级指标值

北京是我国重要的创新创业枢纽城市。2016 年 9 月，国务院印发《北京加强全国科技创新中心建设总体方案》，加快建设具有全球影响力的科技创新中心。随着创新资源加速集聚，创新环境显著优化，创新服务持续提质，高质量的科创企业不断涌现。根据北京市科学技术委员会的统计，截至 2024 年 3 月，北京拥有独角兽企业 114 家，居全球第三、全国第一。北京在培育科创企业方面的先进经验主要包括以下几方面。

第一，大力建设功能完备的创业孵化生态体系。根据北京市科学技术委员会的统计，截至 2023 年 12 月，北京有 500 余家各类孵化器和众创空间，其中市级孵化器 106 家，国家级孵化器 71 家，国家级孵化器数量居全国城市首位。孵化器参与的投资基金超过

300 亿元，规模在全国最大；近十年孵化上市企业 200 余家、独角兽企业 30 余家。科技孵化器是创新创业生态系统的重要组成部分，对于促进科技成果转化、促进高新技术企业发展等发挥着重要支撑作用。2023 年底，北京市人民政府办公厅印发了《北京市关于推动科技企业孵化器创新发展的指导意见》，旨在进一步推进科技企业孵化器建设。

第二，蓬勃发展的风险投资市场为科技创业企业发展赋能。以风险投资为代表的科技创业投资机构为科技创业企业的发展提供支持，助推科技成果转化。北京的科技创业投资机构数目、募资规模和投资交易数均一直位居全国前列，为科技创业企业的发展持续提供支持。

第三，积极推进科技成果转化。一系列制度创新打破了体制机制束缚，最大限度地激发了科技创新人员推进成果转化的动力。2020 年 1 月 1 日，《北京市促进科技成果转化条例》施行，打破了职务成果所有权和收益只能归研发单位所有的僵化制度，促使科研人员积极推动科研成果市场化。

3.2.2　深圳

2023 年深圳的企业培育水平排全国第 2 位，较 2022 年上升 1 位。如图 3-3 所示，深圳的领军企业指标值为 53.44，排全国第 2 位；创业企业指标值为 45.47，排全国第 4 位。相较于 2022 年，深圳的领军企业指标排名由第 6 位上升至第 2 位，进步迅速。

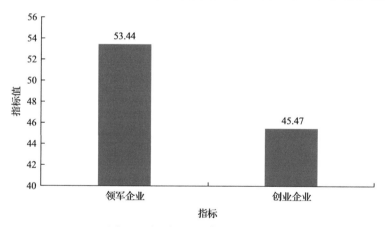

图 3-3　深圳企业培育二级指标值

深圳在培育领军企业方面取得的先进成果，与其构建形成的"基础研究+技术攻关+成果产业化+科技金融+人才支撑"全过程创新生态链紧密相关。

首先，在激发创新动能上，"十三五"（2016—2020 年）期间大湾区综合性国家科学中心主阵地、国家实验室落地深圳市，光明科学城、河套深港科技创新合作区、西丽湖国际科教城等重大平台加快建设。深圳市人民代表大会常务委员会公布的《深圳经济特区科技创新条例》率先以立法形式完善科研经费长期稳定投入机制，让科研人员心无旁骛地从事研究。

其次，各项政策助力加快发展战略性新兴产业。"十三五"期间，深圳规模以上工业总产值跃居全国城市首位，战略性新兴产业增加值突破万亿元，高新技术产业发展成为全国一面旗帜。2022 年，深圳市人民政府印发《关于发展壮大战略性新兴产业集群和培育发展未来产业的意见》，确定了以先进制造业为主体的 20 个战略性新兴产业重点细分领域和 8 个未来产业重点发展方向，稳住制造业基本盘，增强实体经济发展后劲。针对不同的重点发展领域，深圳和下属各区政府发布了相关政策支持举措，促进战略性新兴产业的升级。

最后，深圳全力打造国内外人才汇聚高地。实行更加积极、更加开放、更加有效的人才政策，积极引进、培养具有国际水平的战略科技人才、科技领军人才、青年科技人才和高水平创新团队，为培育高质量企业提供人才支持。

3.2.3 上海

2023 年上海的企业培育水平排全国第 3 位，较 2022 年下降 1 位。如图 3-4 所示，上海的领军企业指标值为 38.10，排全国第 7 位，较 2022 年上升 2 位；创业企业指标值为52.97，排全国第 3 位，比 2022 年下滑 1 位。

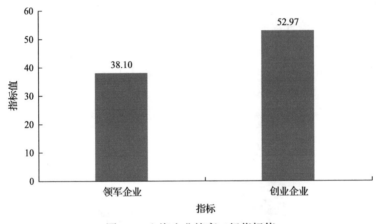

图 3-4　上海企业培育二级指标值

总体上看，上海在企业培育相关指标方面均展现出较为稳定的领先优势。这与上海高质量的营商孵化环境、坚实的优势产业基础和蓬勃的科技创新产出环境相关联。上海市委、市政府积极落实中央和国家有关部委的政策要求，不断优化中小企业发展的体制机制和政策环境。

上海市高度重视优质中小企业梯度培育工作。2022 年 11 月，上海市经济和信息化委员会印发的《上海市优质中小企业梯度培育管理实施细则》提出："十四五"期间，努力在全市推动培育十万家左右创新型中小企业、一万家左右专精特新中小企业、一千家左右专精特新"小巨人"企业。2023 年，上海市服务企业联席会议办公室印发了《上海市助力中小微企业稳增长调结构强能力若干措施》，其中尤其关注优质中小企业的梯度培育体系，特别是专精特新企业。

在推进中小企业服务建设方面，一是完善企业服务工作体系，成立由 36 个委办局共同组成的全市服务企业联席会议制度。二是强化企业发展资源保障，强化对中小企业的融资服务。三是优化中小企业发展环境，2020 年修订实施《上海市促进中小企业发展条例》，营造中小企业发展的良好法治环境。

3.2.4　南京

2023 年南京的企业培育水平排全国第 4 位，较 2022 年上升 1 位。如图 3-5 所示，南京的领军企业指标值为 54.63，排全国第 1 位；创业企业指标值为 30.60，排全国第 9 位。相较于 2022 年，南京的领军企业指标排名由第 16 位上升至第 1 位，实现了大幅度的攀升，但创业企业指标排名却由第 3 位下滑至第 9 位。

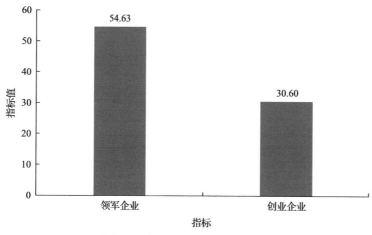

图 3-5　南京企业培育二级指标值

首先，南京坚持强化企业创新主体地位，实施创新型企业培育工程，开展"筑基""强基""链基""固基"四基工程。国家高新技术企业总数逐年增长，根据 2023 年的数据，南京认定高企 3596 家，有效期高企总数突破 1 万家，同比增长 11%，实现 5 年翻番，年均增速 21.1%。南京在装备制造、软件及信息服务业、生物医药等高新技术产业领域形成产业集聚效应。

其次，南京市的企业孵化成效不断提升。根据南京市科学技术局的统计[①]，2023 年，江苏省科技企业孵化器绩效评价获优数量 39 家，该项工作已连续三年居全国城市首位。

最后，南京市构建以企业为主体的全链条创新体系，完善"链主企业、专精特新企业、中小微企业"梯队培育机制，打通新型研发机构、共性技术平台等"中间链接地带"，营造多元主体高效协同的创新生态。在 2022 年，南京市科学技术局印发了《南京市级重大科技专项管理办法》，鼓励支持企业、高校、新型研究机构、各类科研院所"揭榜挂帅"，联合开展具有市场应用价值的基础研究和应用基础研究。

3.2.5　太原

2023 年太原的企业培育水平排全国第 5 位，较 2022 年上升了 15 位，进步迅速。如图 3-6 所示，太原的领军企业指标值为 13.64，位居全国第 40 位；创业企业指标值为

---

① 《南京高企、科小培育"双过万"，"三项"全省第一》，https://kjj.nanjing.gov.cn/kjzx/gzyw/202312/t20231226_4131543.shtml，2023-12-26。

59.72，全国位居第 2 位。相较于 2022 年，太原的领军企业指标排名由第 46 位上升至第 40 位，其创业企业指标排名更是由第 10 位上升至第 2 位，在培育创业企业方面的成绩尤为亮眼。

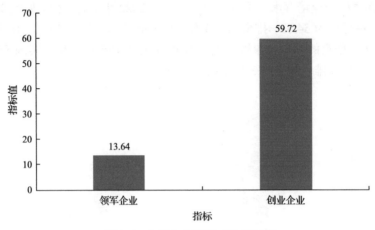

图 3-6　太原企业培育二级指标值

《太原市"十四五"科技创新规划》提出，要深入实施创新驱动、科教兴市、人才强市战略，深化科技体制改革，建立完善以企业为主体、市场为导向、产学研深度融合的技术创新体系。

第一，太原构建了"创业苗圃＋孵化器＋加速器＋产业园"的全产业链培育体系，积极培育高新技术企业、科技领军企业。同时，通过"企业出题""政府立题""协同破题"，建立重点项目攻关"揭榜挂帅"制度，对关键核心技术问题实施联合攻关。

第二，积极打造科技创新平台。按照"先立后破、试点先行、点面结合、分批推进"的原则，太原采取"国家平台引领示范、重点领域开展试点、广泛领域打造标杆、区域协同厅市共建"的思路，建设国家战略科学力量、省级科学创新平台和新型研发机构。

第三，设立科技成果转化基金。设立了 20 亿元的国家科技成果转化引导基金太原子基金。采取股权投资方式，在信息技术应用创新、半导体、大数据、煤机智能制造等领域，支持一批高新技术成果应用转化及产业化项目。同时开展知识产权质押融资、探索开展科技保险业务并建立科技金融协调机制，为科技型中小企业提供特色化金融服务。

3.3　重点区域

3.3.1　京津冀地区

京津冀地区有四个城市纳入评价，分别为北京、天津、石家庄和唐山，其企业培育和各维度的指标值及排名如表 3-3 所示。整体来看，京津冀地区的城市科技创业的企业培育指标的平均值高于全国均值，领军企业指标的平均值低于全国均值，而创业企业指标的平均值则高于全国均值。

表 3-3 2023 年京津冀地区城市企业培育和各维度的指标值及排名

城市	企业培育		领军企业		创业企业	
	指标值	排名	指标值	排名	指标值	排名
全国均值	19.46		20.71		18.20	
地区均值	28.56		19.40		37.71	
北京	67.78	1	44.81	4	90.75	1
天津	30.61	11	16.88	31	44.33	5
石家庄	9.67	49	7.90	52	11.44	36
唐山	6.17	56	8.01	51	4.33	55

从各城市企业培育指标值来看,北京的指标值最高,居全国首位,其次为天津,唐山最低;其中,北京和天津的指标值高于全国均值,而石家庄和唐山的指标值低于全国均值。在培育领军企业方面,北京的指标值全国排名第 4 位,高于全国均值,但其余 3 个城市的指标值均低于全国均值,天津、石家庄和唐山分别排在第 31 位、第 52 位和第 51 位。在培育领军企业方面,天津瞪羚企业数量占高新技术企业数量的比重仅为 1.06%,低于全国平均水平,排在全国第 37 位。

在培育创业企业方面,北京和天津的指标值在全国范围内均位于前列(第 1 位和第 5 位),石家庄和唐山的指标值则都低于全国均值,尤其是唐山排在全国第 55 位。进一步分析发现,天津最主要的优势集中在对创业企业的孵化上,尤其是在众创空间和在孵企业两项指标上,均位于全国前列(第 2 位和第 3 位),其风险投资水平也高于全国平均水平,排第 18 位。总体来看,北京和天津在企业培育方面在全国居于领先地位,石家庄、唐山有必要借鉴学习相关经验和做法,利用好京津冀协同发展的动能优势。

3.3.2 长三角地区

长三角地区有 16 个城市纳入评价,分别为上海、苏州、杭州、南京、宁波、无锡、合肥、南通、常州、徐州、温州、绍兴、扬州、盐城、嘉兴和泰州。其企业培育和各维度的指标值及排名见表 3-4。整体来看,长三角地区的城市科技创业企业培育能力高于全国平均水平,并且无论是领军企业还是创业企业,长三角地区均值都高于全国均值。

表 3-4 2023 年长三角地区城市企业培育和各维度的指标值及排名

城市	企业培育		领军企业		创业企业	
	指标值	排名	指标值	排名	指标值	排名
全国均值	19.46		20.71		18.20	
地区均值	22.47		24.74		20.20	
上海	45.53	3	38.10	7	52.97	3
苏州	32.03	8	28.92	14	35.13	8
杭州	36.21	6	34.96	8	37.45	7
南京	42.61	4	54.63	1	30.60	9
宁波	15.64	33	13.74	39	17.55	21

续表

城市	企业培育		领军企业		创业企业	
	指标值	排名	指标值	排名	指标值	排名
无锡	23.73	14	24.26	20	23.20	13
合肥	22.53	15	17.78	28	27.28	10
南通	16.84	28	26.96	17	6.72	44
常州	23.77	13	27.53	16	20.01	16
徐州	10.52	47	13.30	41	7.75	43
温州	10.97	44	10.42	47	11.52	35
绍兴	10.39	48	8.06	50	12.72	32
扬州	10.52	46	14.34	36	6.71	45
盐城	18.10	27	30.82	12	5.38	52
嘉兴	19.38	24	19.22	25	19.54	17
泰州	20.75	21	32.85	9	8.64	42

分城市来看,长三角地区的上海、南京、杭州、苏州的企业培育指标值排到了全国的前 10 名;常州、无锡、合肥的排名也在前 20 之列;扬州、徐州和绍兴的排名较低,位居第 46、第 47 和第 48。在培育领军企业方面,南京位居全国第 1,上海、杭州和泰州也位居全国前 10。在培育创业企业方面,上海、杭州、苏州、南京和合肥都进入全国前 10 位。总体来看,长三角地区各城市在企业培育上有较大的优势。2022 年 10 月,中华人民共和国国家发展和改革委员会印发《长三角国际一流营商环境建设三年行动方案》,进一步推动创新要素在长三角地区集聚,促进高质量科技创新企业培育和发展。

3.3.3 粤港澳大湾区

粤港澳大湾区有 4 个城市纳入评价,分别为深圳、广州、佛山和东莞。其企业培育和各维度的指标值及排名如表 3-5 所示。整体来看,粤港澳大湾区纳入评价的各城市的企业培育指标值都远高于全国均值,在培育领军企业和创业企业方面都存在较大的领先优势。

表 3-5 2023 年粤港澳大湾区城市企业培育和各维度的指标值及排名

城市	企业培育		领军企业		创业企业	
	指标值	排名	指标值	排名	指标值	排名
全国均值	19.46		20.71		18.20	
地区均值	34.43		39.34		29.52	
深圳	49.46	2	53.44	2	45.47	4
广州	34.66	7	31.37	11	37.95	6
佛山	31.62	9	46.64	3	16.59	23
东莞	21.97	18	25.89	18	18.05	20

分城市来看，粤港澳大湾区企业培育指标值排名最高的城市为深圳，在全国范围内位居第 2，广州和佛山也位居前 10，东莞排名第 18 位，均处于较为领先的位置。在培育领军企业方面，深圳和佛山的指标值名列前茅，分别排全国第 2 位和第 3 位，广州和东莞排名第 11 位和第 18 位。在培育创业企业方面，深圳在全国排名第 4 位，广州排名第 6 位，接下来依次为东莞和佛山，分别排名第 20 位和第 23 位。粤港澳大湾区作为我国开放程度最高、经济活力最强的区域之一，在培育创新创业企业方面有较为浓厚的文化和完善的生态环境。2019 年中共中央、国务院印发《粤港澳大湾区发展规划纲要》，进一步为区域创新发展注入新动能。

3.4　关键指标分析

本节选取城市科技创业水平企业培育指标所度量的 5 项关键指标，对它们在 2022 年和 2023 年的指标值变化进行报告与分析。

表 3-6 展示了城市高新企业增长率指标值和排名变化。该指标值的城市名次变化幅度较大，其中有 17 个城市的名次上升了超过 10 个位次，上升幅度较大的城市包括深圳（45 位）、泉州（41 位）和南京（38 位），显示出这些城市在高新企业方面的较大的培育力度。与此同时，有 14 个城市的名次下降幅度超过了 10 位，其中下降幅度较大的城市为贵阳（–52 位）、北京（–50 位）和沈阳（–39 位），反映了相关城市在 2022 年和 2023 年高新企业增长速度放缓。

表 3-6　城市高新企业增长率指标值和排名变化

城市	指标值		排名		排名变化	城市	指标值		排名		排名变化
	2023 年	2022 年	2023 年	2022 年			2023 年	2022 年	2023 年	2022 年	
南京	154.98	16.11	1	39	38	呼和浩特	42.13	11.73	13	46	33
佛山	149.67	70.94	2	5	3	洛阳	40.92	39.96	14	12	–2
盐城	114.69	19.88	3	36	33	重庆	40.67	56.47	15	7	–8
西宁	100.27	257.21	4	1	–3	银川	36.11	61.47	16	6	–10
海口	94.11	37.18	5	13	8	广州	33.64	145.46	17	3	–14
深圳	78.85	9.44	6	51	45	太原	32.52	24.73	18	23	5
福州	78.70	44.32	7	10	3	厦门	31.58	29.74	19	20	1
泉州	58.35	9.72	8	49	41	唐山	28.70	15.05	20	41	21
青岛	52.76	21.83	9	30	21	徐州	28.43	22.68	21	26	5
杭州	47.83	44.86	10	9	–1	哈尔滨	28.18	20.52	22	34	12
上海	46.58	34.04	11	15	4	西安	27.24	12.50	23	43	20
泰州	44.22	21.77	12	32	20	天津	25.30	19.96	24	35	11

续表

城市	指标值		排名		排名变化	城市	指标值		排名		排名变化
	2023 年	2022 年	2023 年	2022 年			2023 年	2022 年	2023 年	2022 年	
南昌	25.23	29.66	25	21	−4	宁波	15.02	8.97	42	53	11
烟台	25.21	13.78	26	42	16	无锡	14.62	16.98	43	38	−5
济南	24.96	42.06	27	11	−16	郑州	14.61	21.80	44	31	−13
长沙	24.71	23.26	28	25	−3	南通	13.31	25.52	45	22	−23
扬州	24.56	5.53	29	55	26	兰州	12.66	15.70	46	40	−6
榆林	24.15	32.39	30	17	−13	温州	11.66	19.23	47	37	−10
合肥	23.75	160.61	31	2	−29	苏州	11.34	9.68	48	50	2
临沂	22.44	30.90	32	18	−14	潍坊	10.82	36.98	49	14	−35
长春	21.92	21.65	33	33	0	南宁	10.53	−7.61	50	58	8
大连	21.03	4.27	34	57	23	漳州	9.78	6.22	51	54	3
武汉	18.95	9.80	35	48	13	石家庄	9.40	21.99	52	28	−24
常州	18.91	22.62	36	27	−9	绍兴	8.96	30.89	53	19	−34
嘉兴	18.71	21.84	37	29	−8	成都	7.94	5.13	54	56	2
襄阳	18.54	11.88	38	44	6	沈阳	7.86	33.21	55	16	−39
乌鲁木齐	17.67	24.50	39	24	−15	贵阳	5.10	91.63	56	4	−52
东莞	17.28	11.77	40	45	5	昆明	4.77	11.27	57	47	−10
鄂尔多斯	16.33	9.32	41	52	11	北京	1.89	46.20	58	8	−50

注：表中排名变化中正数为排名上升位数，负数为排名下降位数

表 3-7 展示了城市新三板企业指标值和排名变化。各城市在该指标值的名次较为稳定，2022 年和 2023 年的排名格局变化不大。其中，排名较高的城市为北京、深圳、上海和厦门；排名靠后的城市包括徐州、临沂、鄂尔多斯和榆林，该指标反映了城市在培育高质量企业方面的成果。

表 3-7　城市新三板企业指标值和排名变化

城市	指标值		排名		排名变化	城市	指标值		排名		排名变化
	2023 年	2022 年	2023 年	2022 年			2023 年	2022 年	2023 年	2022 年	
北京	81.5	81.09	1	1	0	南京	28.28	27.79	6	6	0
深圳	49.84	49.18	2	2	0	苏州	27.97	27.69	7	7	0
上海	44.23	43.65	3	3	0	常州	27.09	26.89	8	9	1
厦门	35.37	35.71	4	4	0	无锡	27.04	26.94	9	8	−1
杭州	34.01	33.42	5	5	0	广州	26.10	25.72	10	10	0

续表

城市	指标值		排名		排名变化	城市	指标值		排名		排名变化
	2023 年	2022 年	2023 年	2022 年			2023 年	2022 年	2023 年	2022 年	
武汉	22.75	23.93	11	11	0	南昌	8.04	7.83	35	35	0
东莞	21.41	21.37	12	12	0	沈阳	7.15	7.06	36	36	0
济南	17.55	17.10	13	13	0	贵阳	6.95	6.68	37	39	2
银川	17.06	16.78	14	15	1	呼和浩特	6.91	6.96	38	37	−1
天津	16.96	16.73	15	16	1	石家庄	6.77	6.76	39	38	−1
宁波	16.87	16.99	16	14	−2	哈尔滨	6.64	6.59	40	40	0
长沙	15.27	15.11	17	17	0	温州	6.45	6.47	41	41	0
福州	14.34	14.30	18	18	0	盐城	6.11	6.11	42	42	0
扬州	13.79	13.82	19	19	0	唐山	5.58	5.31	43	43	0
郑州	13.09	13.07	20	20	0	泰州	5.31	5.31	44	44	0
西安	12.92	12.42	21	22	1	洛阳	5.24	5.24	45	45	0
青岛	12.77	12.46	22	21	−1	泉州	5.10	5.12	46	46	0
成都	12.35	12.22	23	23	0	长春	5.07	4.96	47	48	1
大连	12.31	12.08	24	24	0	兰州	5.03	5.03	48	47	−1
佛山	12.13	11.97	25	25	0	重庆	4.92	4.83	49	49	0
合肥	12.00	11.85	26	26	0	漳州	4.74	4.55	50	50	0
海口	11.74	11.76	27	27	0	潍坊	3.94	3.73	51	52	1
绍兴	11.10	10.96	28	28	0	南宁	3.87	3.89	52	51	−1
烟台	9.73	9.44	29	30	1	襄阳	2.66	2.47	53	53	0
太原	9.71	9.59	30	29	−1	西宁	2.43	2.43	54	54	0
嘉兴	9.52	9.24	31	31	0	徐州	2.43	2.42	55	55	0
乌鲁木齐	9.10	9.14	32	32	0	临沂	2.00	1.99	56	56	0
南通	8.80	8.67	33	33	0	鄂尔多斯	1.39	1.39	57	57	0
昆明	8.61	8.63	34	34	0	榆林	0.28	0.28	58	58	0

注：表中排名变化中正数为排名上升位数，负数为排名下降位数

　　表 3-8 展示了城市众创空间指标值和排名变化。该指标值衡量了众创空间服务的平均创业团队数量。在 2022 年和 2023 年，该指标值排名的前 3 位保持稳定，分别是北京、天津和太原。然而，对于较为靠后的位次，该指标值的变化较大。有 8 个城市的名次上升了超过 10 位，上升幅度较大的城市包括银川(34 位)、南京(22 位)、宁波(19 位)和杭州(19 位)，显示出这些城市在众创空间孵化方面的强大政策实施力度。与此同时，有 7 个城市的名次下降了超过 10 位，其中下降幅度较大的城市为盐城(−43 位)、泰州(−33 位)和南昌(−26 位)。

表 3-8　城市众创空间指标值和排名变化

城市	指标值		排名		排名变化	城市	指标值		排名		排名变化
	2023年	2022年	2023年	2022年			2023年	2022年	2023年	2022年	
北京	813.89	813.89	1	1	0	常州	172.40	116.29	30	45	15
天津	477.29	477.29	2	2	0	南昌	169.84	317.41	31	5	−26
太原	435.34	435.34	3	3	0	潍坊	165.50	105.75	32	49	17
苏州	359.07	232.39	4	11	7	昆明	162.96	139.60	33	39	6
沈阳	317.41	229.44	5	12	7	唐山	148.27	175.26	34	26	−8
广州	253.12	241.89	6	9	3	徐州	142.39	220.15	35	14	−21
兰州	250.07	226.32	7	13	6	乌鲁木齐	142.32	100.99	36	50	14
温州	247.07	215.43	8	17	9	泰州	140.87	359.07	37	4	−33
绍兴	241.89	247.07	9	8	−1	临沂	140.84	123.57	38	43	5
重庆	237.32	210.00	10	19	9	青岛	139.60	186.45	39	24	−15
宁波	232.39	172.40	11	30	19	济南	131.49	148.27	40	34	−6
杭州	229.44	169.84	12	31	19	西安	131.33	189.89	41	23	−18
嘉兴	226.32	212.38	13	18	5	成都	128.56	142.39	42	35	−7
武汉	220.15	253.12	14	6	−8	合肥	123.57	100.43	43	51	8
佛山	218.63	174.47	15	27	12	上海	119.12	140.84	44	38	−6
襄阳	218.36	218.63	16	15	−1	洛阳	116.29	119.12	45	44	−1
深圳	215.43	237.32	17	10	−7	海口	114.49	131.49	46	40	−6
西宁	212.38	178.14	18	25	7	贵阳	111.39	86.98	47	55	8
南京	210.00	131.33	19	41	22	南通	107.71	114.49	48	46	−2
东莞	195.17	172.81	20	28	8	扬州	105.75	142.32	49	36	−13
郑州	192.44	195.17	21	20	−1	盐城	100.99	250.07	50	7	−43
银川	190.41	52.80	22	56	34	福州	100.43	95.67	51	53	2
石家庄	189.89	192.44	23	21	−2	泉州	97.32	128.56	52	42	−10
长春	186.45	190.41	24	22	−2	厦门	95.67	111.39	53	47	−6
鄂尔多斯	178.14	162.96	25	33	8	烟台	88.51	97.32	54	52	−2
无锡	175.26	218.36	26	16	−10	榆林	86.98	107.71	55	48	−7
长沙	174.47	172.66	27	29	2	漳州	52.80	88.51	56	54	−2
大连	172.81	165.50	28	32	4	南宁	46.74	46.74	57	57	0
呼和浩特	172.66	140.87	29	37	8	哈尔滨	39.96	39.96	58	58	0

注：表中排名变化中正数为排名上升位数，负数为排名下降位数

　　表 3-9 展示了城市风险投资指标值和排名变化。该指标值反映了每万人风险投资金额。2022 年和 2023 年该指标值的城市名次变化幅度较大，其中有 11 个城市的名次上升

幅度超过了 10 位，上升幅度较大的城市包括潍坊(31 位)、贵阳(25 位)和长沙(24 位)，显示出这些城市的风险投资市场发展迅速。与此同时，有 10 个城市的名次下降幅度超过

表 3-9　城市风险投资指标值和排名变化

城市	指标值		排名		排名变化	城市	指标值		排名		排名变化
	2023 年	2022 年	2023 年	2022 年			2023 年	2022 年	2023 年	2022 年	
北京	7939	7910	1	1	0	泰州	521	1374	30	15	−15
深圳	5700	6557	2	3	1	佛山	488	419	31	32	1
上海	4687	7701	3	2	−1	东莞	451	579	32	28	−4
杭州	4520	3849	4	5	1	扬州	446	300	33	39	6
嘉兴	3333	3357	5	7	2	南通	380	914	34	18	−16
无锡	3239	800	6	22	16	太原	360	40	35	53	18
长沙	3208	474	7	31	24	重庆	345	664	36	25	−11
常州	2499	1643	8	14	6	昆明	310	758	37	23	−14
呼和浩特	2468	1082	9	17	8	兰州	308	20	38	54	16
苏州	2383	2684	10	10	0	郑州	279	401	39	34	−5
合肥	1910	3028	11	9	−2	哈尔滨	262	485	40	30	−10
武汉	1869	580	12	27	15	长春	189	159	41	48	7
贵阳	1597	307	13	38	25	海口	185	1795	42	13	−29
南京	1498	3776	14	6	−8	大连	179	192	43	45	2
南昌	1326	310	15	37	22	西宁	178	166	44	47	3
乌鲁木齐	1320	564	16	29	13	石家庄	163	391	45	35	−10
广州	1230	3938	17	4	−13	南宁	127	153	46	49	3
天津	1169	1150	18	16	−2	襄阳	122	93	47	52	5
潍坊	1100	135	19	50	31	漳州	110	292	48	41	−7
宁波	1068	3354	20	8	−12	唐山	108	18	49	55	6
绍兴	889	2245	21	12	−9	温州	96	300	50	40	−10
成都	835	747	22	24	2	泉州	73	194	51	44	−7
厦门	776	2681	23	11	−12	银川	68	130	52	51	−1
洛阳	763	247	24	42	18	沈阳	66	634	53	26	−27
西安	751	408	25	33	8	徐州	61	364	54	36	−18
济南	715	869	26	19	−7	盐城	49	185	55	46	−9
青岛	633	851	27	21	−6	鄂尔多斯	32	0	56	58	2
烟台	586	861	28	20	−8	临沂	8	5	57	56	−1
福州	577	203	29	43	14	榆林	4	1	58	57	−1

注：表中排名变化中正数为排名上升位数，负数为排名下降位数

了 10 位,其中下降幅度较大的城市为海口(-29 位)、沈阳(-27 位)和徐州(-18 位)。2023
年,该项指标排名最高的三个城市为北京、深圳和上海,值得注意的是,除了北京和部
分长三角地区等经济发展水平较高的地区外,风险投资前十名的城市还包括了长沙和呼
和浩特两个中西部地区城市。这与中西部地区政府引导基金持续发力的趋势相一致:根
据投中研究院 2023 年的统计,华中地区和西北地区政府引导基金规模的增长率分别为
23.77%和 7.72%,地方政府积极通过设立政府引导基金的方式促进中西部地区发展。

表 3-10 展示了城市科技企业指标值和排名变化。通过比较 2022 年和 2023 年该指标
值的城市名次,发现基于该指标的排名较为稳定。但仍然有 4 个城市的名次上升幅度超
过了 10 位,包括漳州(18 位)、福州(12 位)、苏州(11 位)和乌鲁木齐(11 位),显示出这
些城市科技企业实现大规模发展。与此同时,下降幅度较大的城市包括长春(-9 位)、潍
坊(-8 位)、哈尔滨(-8 位)、北京(-7 位)、扬州(-7 位)和嘉兴(-7 位)。

表 3-10 城市科技企业指标值和排名变化

城市	指标值		排名		排名变化	城市	指标值		排名		排名变化
	2023 年	2022 年	2023 年	2022 年			2023 年	2022 年	2023 年	2022 年	
广州	41.40	26.63	1	5	4	佛山	16.60	11.40	22	24	2
太原	38.35	19.61	2	8	6	武汉	16.42	14.63	23	19	-4
上海	36.22	28.51	3	3	0	常州	15.64	13.82	24	20	-4
深圳	33.73	27.39	4	4	0	宁波	14.78	11.05	25	25	0
南京	31.95	29.98	5	2	-3	昆明	13.71	10.30	26	28	2
成都	30.78	22.98	6	6	0	石家庄	13.11	11.44	27	23	-4
苏州	30.19	14.81	7	18	11	贵阳	12.98	12.50	28	22	-6
北京	27.75	31.24	8	1	-7	沈阳	12.51	9.47	29	30	1
杭州	27.63	21.56	9	7	-2	南宁	12.28	8.43	30	37	7
厦门	27.20	19.07	10	10	0	呼和浩特	11.62	9.04	31	32	1
合肥	23.04	17.50	11	14	3	乌鲁木齐	11.56	7.49	32	43	11
东莞	21.02	14.96	12	17	5	泉州	11.30	9.38	33	31	-2
济南	20.63	18.80	13	12	-1	徐州	10.92	8.77	34	34	0
福州	20.26	10.82	14	26	12	潍坊	10.91	10.31	35	27	-8
青岛	19.88	18.67	15	13	-2	南昌	10.43	7.78	36	42	6
天津	19.63	19.05	16	11	-5	漳州	10.32	4.98	37	55	18
长沙	19.19	13.42	17	21	4	温州	10.26	8.90	38	33	-5
长春	18.39	19.14	18	9	-9	泰州	10.11	8.56	39	35	-4
郑州	17.23	16.85	19	15	-4	银川	10.03	7.98	40	39	-1
无锡	16.87	15.80	20	16	-4	大连	9.61	7.27	41	44	3
西安	16.76	10.13	21	29	8	烟台	9.58	7.82	42	41	-1

续表

城市	指标值		排名		排名变化	城市	指标值		排名		排名变化
	2023 年	2022 年	2023 年	2022 年			2023 年	2022 年	2023 年	2022 年	
扬州	9.34	8.55	43	36	-7	兰州	7.28	5.40	51	51	0
南通	9.13	6.82	44	47	3	洛阳	6.39	5.22	52	53	1
盐城	9.07	6.72	45	48	3	鄂尔多斯	6.26	4.58	53	56	3
哈尔滨	8.87	8.12	46	38	-8	海口	5.81	5.94	54	49	-5
嘉兴	8.65	7.95	47	40	-7	西宁	5.73	5.41	55	50	-5
绍兴	8.16	7.18	48	45	-3	唐山	5.30	5.36	56	52	-4
重庆	7.73	7.03	49	46	-3	襄阳	4.63	3.90	57	57	0
临沂	7.46	5.02	50	54	4	榆林	4.51	2.78	58	58	0

注：表中排名变化中正数为排名上升位数，负数为排名下降位数

第4章 科技创业的高质量创新创业分析

4.1 总 体 概 述

推动创新创业高质量发展，有利于进一步增强创业带动就业的能力，提升科技创新和产业发展活力，有利于创造优质供给和扩大有效需求，对增强经济发展内生动力具有重要意义[①]。在本章中，使用两个指标来度量城市的高质量创新创业，即新兴产业和国际竞争力。整体来看，城市的高质量创新创业呈现以下特点。

第一，2023 年样本城市高质量创新创业的得分均值为 16.69，多数城市在新兴产业发展水平和国际竞争力水平方面有待提高。此外，不同城市的高质量创新创业得分差异较大，标准差为 14.8。各城市在高质量创新创业方面的表现存在巨大差异，排名第 1 位的深圳的得分为 74.15，而排名末位的榆林的得分为 0.20。

在高质量创新创业的两个细分指标上，北京在新兴产业方面表现最佳，得分为 100.00，但是在国际竞争力方面的得分仅为 30.74，导致北京的高质量创新创业得分低于深圳，排名第 2 位。深圳在新兴产业发展上虽然落后于北京，相当于北京的 68.86%，但是国际竞争力得分相当于北京的 2.6 倍，得分为 79.45。苏州在高质量创新创业方面的表现仅次于深圳和北京，其次是南京和杭州。排在第 6—10 位的城市依次是无锡、合肥、厦门、成都和东莞。

第二，比较 2023 年和 2022 年的情况，58 个城市中有 41 个城市的排名都发生了变化，排名上升 5 位及以上的城市有 4 个，上升幅度从高到低依次是海口(12 位)、鄂尔多斯(8 位)、泰州(7 位)和长春(6 位)，而排名下降幅度较大的 5 个城市按照从大到小的顺序依次是重庆(−7 位)、西安(−6 位)、盐城(−5 位)、哈尔滨(−5 位)和温州(−5 位)。综合得分排名前十的城市中合肥的高质量创新创业的排名上升幅度显著，提升了 4 位，综合得分排名前二十的城市中，青岛的下降幅度最大，下降了 3 位。

4.1.1 综合得分与排名

如图 4-1 所示，高质量创新创业水平呈现明显的梯队分布，前五名具有明显的领先优势，分别为深圳、北京、苏州、南京、杭州。第二梯队的城市有无锡、合肥、厦门、成都、东莞、青岛、上海、广州、佛山、常州、武汉、嘉兴、宁波。上海高质量创新创业指标的全国排名为第 12 位，排名落后于东莞、青岛，该结果与上海国际科创中心的地位并不相称。在这一指标上较为落后的城市包括榆林、西宁、呼和浩特、乌鲁木齐和唐山等。

[①]《国务院关于推动创新创业高质量发展打造"双创"升级版的意见》(国发〔2018〕32 号)，https://www.gov.cn/zhengce/content/2018-09-26/content_5325472.htm，2018-09-26。

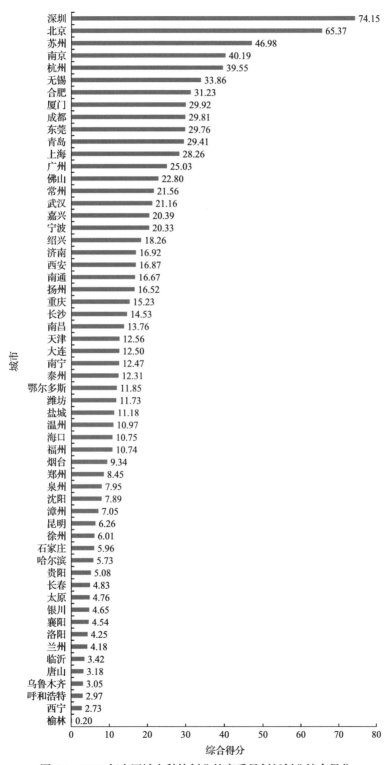

图 4-1　2023 年中国城市科技创业的高质量创新创业综合得分

4.1.2　二级指标分析

如表 4-1 所示，从高质量创新创业的细分指标表现来看，在新兴产业方面，北京全国排名第 1 位，得分为 100.00，领先优势明显；深圳紧随其后，排名第 2 位，得分为 68.86，与北京差距较大；排名前 5 位的城市还包括杭州、南京、上海。在新兴产业维度排名后 5 位的城市分别是：漳州、榆林、临沂、唐山和泉州。

表 4-1　2023 年各城市高质量创新创业及其细分指标排名情况

城市	高质量创新创业		新兴产业		国际竞争力	
	得分	排名	得分	排名	得分	排名
深圳	74.15	1	68.86	2	79.45	1
北京	65.37	2	100.00	1	30.74	10
苏州	46.98	3	33.12	6	60.84	2
南京	40.19	4	54.22	4	26.16	14
杭州	39.55	5	57.14	3	21.96	17
无锡	33.86	6	26.77	10	40.95	5
合肥	31.23	7	26.93	8	35.54	7
厦门	29.92	8	19.79	15	40.05	6
成都	29.81	9	13.04	19	46.59	3
东莞	29.76	10	14.69	18	44.83	4
青岛	29.41	11	25.47	11	33.36	8
上海	28.26	12	33.59	5	22.93	16
广州	25.03	13	29.86	7	20.21	21
佛山	22.80	14	12.27	21	33.33	9
常州	21.56	15	23.68	12	19.45	23
武汉	21.16	16	26.78	9	15.54	28
嘉兴	20.39	17	12.20	22	28.57	12
宁波	20.33	18	11.11	24	29.54	11
绍兴	18.26	19	10.25	29	26.28	13
济南	16.92	20	23.14	13	10.70	38
西安	16.87	21	20.98	14	12.77	34
南通	16.67	22	12.09	23	21.24	18
扬州	16.52	23	12.69	20	20.34	20
重庆	15.23	24	4.44	49	26.01	15
长沙	14.53	25	18.16	16	10.90	36
南昌	13.76	26	10.62	27	16.90	27
天津	12.56	27	14.86	17	10.26	39

续表

城市	高质量创新创业		新兴产业		国际竞争力	
	得分	排名	得分	排名	得分	排名
大连	12.50	28	7.21	35	17.79	25
南宁	12.47	29	3.79	52	21.16	19
泰州	12.31	30	6.42	39	18.20	24
鄂尔多斯	11.85	31	3.97	50	19.74	22
潍坊	11.73	32	8.63	31	14.83	30
盐城	11.18	33	7.39	33	14.97	29
温州	10.97	34	4.76	48	17.18	26
海口	10.75	35	10.72	26	10.77	37
福州	10.74	36	10.32	28	11.15	35
烟台	9.34	37	5.16	47	13.53	32
郑州	8.45	38	10.75	25	6.15	43
泉州	7.95	39	2.37	54	13.53	33
沈阳	7.89	40	7.33	34	8.44	40
漳州	7.05	41	0.17	58	13.94	31
昆明	6.26	42	9.73	30	2.79	52
徐州	6.01	43	5.30	46	6.72	41
石家庄	5.96	44	6.21	42	5.71	44
哈尔滨	5.73	45	6.55	38	4.92	46
贵阳	5.08	46	7.17	36	2.99	51
长春	4.83	47	6.57	37	3.09	49
太原	4.76	48	8.61	32	0.91	55
银川	4.65	49	6.26	40	3.03	50
襄阳	4.54	50	5.97	43	3.12	48
洛阳	4.25	51	3.19	53	5.30	45
兰州	4.18	52	6.21	41	2.16	53
临沂	3.42	53	0.52	56	6.33	42
唐山	3.18	54	1.59	55	4.77	47
乌鲁木齐	3.05	55	5.53	44	0.57	57
呼和浩特	2.97	56	5.32	45	0.63	56
西宁	2.73	57	3.88	51	1.59	54
榆林	0.20	58	0.40	57	0.00	58
权重	100		50		50	

高质量创新创业排名高于新兴产业排名的前 10 个城市分别是：重庆(25 位)、南宁

(23 位)、鄂尔多斯(19 位)、漳州(17 位)、泉州(15 位)、温州(14 位)、成都(10 位)、绍兴(10 位)、烟台(10 位)和泰州(9 位)。从高质量创新创业的国际竞争力指标表现来看，排名靠前的 5 个城市依次是深圳、苏州、成都、东莞和无锡，排名靠后的 5 个城市依次是榆林、乌鲁木齐、呼和浩特、太原和西宁，这些城市的国际竞争力排名靠后与其所处的内陆位置有关。

国际竞争力排名高于高质量创新创业排名的城市有 30 个，低于高质量创新创业排名的城市有 22 个。其中国际竞争力排名低于高质量创新创业排名 10 位及以上的城市有济南(−18 位)、西安(−13 位)、杭州(−12 位)、武汉(−12 位)、天津(−12 位)、长沙(−11 位)、南京(−10 位)和昆明(−10 位)。

从排名靠后的城市来看，乌鲁木齐、呼和浩特、西宁、榆林的新兴产业和国际竞争力的排名都比较靠后。从各指标得分来看，新兴产业的相对差距较大，标准差为 17.70，国际竞争力的相对差距较小，标准差为 15.55。

4.1.3 排名变化

从排名变化情况看，2023 年高质量创新创业排名下降的城市有 23 个，重庆、西安、盐城、温州、哈尔滨的排名下降最多，分明下降了 7 位、6 位、5 位、5 位、5 位。2023 年排名上升的城市有 18 个，海口、鄂尔多斯、泰州、长春的排名上升最快，分别上升了 12 位、8 位、7 位、6 位，17 个城市的排名没有发生变化(表 4-2)。榆林、西宁、呼和浩特和乌鲁木齐的高质量创新创业指标近两年来一直排名靠后，需要在加快新兴产业发展和提升高新技术园区企业出口和国际专利申请方面发力，实现突破。

表 4-2　2022—2023 年各城市科技创业的高质量创新创业的排名与变化

地区	2023 年	2022 年	排名变化	地区	2023 年	2022 年	排名变化
北京	2	2	0	西安	21	15	−6
深圳	1	1	0	佛山	14	18	4
南京	4	4	0	厦门	8	7	−1
杭州	5	5	0	长沙	25	27	2
上海	12	12	0	天津	27	24	−3
苏州	3	3	0	沈阳	40	42	2
广州	13	13	0	南昌	26	30	4
武汉	16	16	0	东莞	10	10	0
合肥	7	11	4	常州	15	14	−1
成都	9	9	0	郑州	38	36	−2
青岛	11	8	−3	宁波	18	21	3
济南	20	23	3	福州	36	32	−4
无锡	6	6	0	太原	48	46	−2

续表

地区	2023 年	2022 年	排名变化	地区	2023 年	2022 年	排名变化
嘉兴	17	20	3	昆明	42	45	3
南通	22	25	3	海口	35	47	12
扬州	23	22	−1	温州	34	29	−5
徐州	43	41	−2	洛阳	51	48	−3
绍兴	19	19	0	鄂尔多斯	31	39	8
重庆	24	17	−7	潍坊	32	33	1
西宁	57	57	0	兰州	52	51	−1
大连	28	26	−2	襄阳	50	52	2
盐城	33	28	−5	临沂	53	55	2
哈尔滨	45	40	−5	呼和浩特	56	56	0
石家庄	44	44	0	银川	49	49	0
长春	47	53	6	泉州	39	35	−4
烟台	37	34	−3	乌鲁木齐	55	54	−1
贵阳	46	43	−3	漳州	41	38	−3
泰州	30	37	7	唐山	54	50	−4
南宁	29	31	2	榆林	58	58	0

4.2　领 先 地 区

4.2.1　深圳

2023 年深圳的高质量创新创业水平排全国第 1 位，与 2022 年持平。深圳在新兴产业和国际竞争力两个维度的表现比较均衡，在这两个维度的得分为 68.86 和 79.45，使得深圳在高质量创新创业方面能够超越北京连续两年位列第一。经济指标方面，深圳高质量创新创业指标排名高于其经济指标排名。

深圳作为我国经济特区、全国性经济中心城市、国家创新型城市和粤港澳大湾区核心引擎城市之一，在高质量创新创业方面连续两年全国排名第 1 位，特别是在国际竞争力这一指标上表现突出。

截至 2023 年 3 月底，深圳累计商事主体超 400.51 万户[①]，商事主体总量和密度居全国第一。2023 年国家级专精特新“小巨人”企业总量居全国第一。截至 2022 年末，全市科技型企业已超过 3 万家，国家级高新技术企业超 2 万家；有 39 家国家级科技企业孵

[①]《2023 年 3 月深圳商事主体登记统计分析报告》，https://www.sz.gov.cn/szzt2010/sjfb/sjjd/content/post_10820157.html，2023-09-05。

化器、124 家国家备案众创空间、17 家市级双创示范基地①。深圳在 5G 技术、超材料、基因测序、柔性显示、新能源汽车、无人机等科技创新领域均处于世界前列。深圳被誉为创新之都、科技之城，形成了强大的梯次型创新企业群。

深圳高质量创新创业指标得分稳居全国第一，与深圳市政府重视原始创新能力建设的政策措施的落实密不可分。近年来，深圳高标准建设综合性国家科学中心，不断增加在基础研究、科研院所、国家级研发平台和高等院校等方面的投入，先后建成国家超级计算深圳中心、深圳国家基因库、鹏城实验室、深圳湾实验室等重大科研平台，布局建设了光明科学城、河套深港科技创新合作区、西丽湖国际科教城、大运深港国际科教城、坪山-大鹏粤港澳大湾区生命健康创新示范区等综合性科技园区，同时大力推进深圳国家应用数学中心、粤港澳大湾区量子科学中心等重大创新平台建设，实施基础研究十年行动计划，持续加大基础研究投入力度，为探索全球创新引领型城市持续努力。

深圳以"创新"为魂，以"基础研究+技术攻关+成果产业化+科技金融＋人才支撑"为内核的全过程创新生态链不断完善和壮大，促进深圳高质量创新创业的发展。在基础研究方面，深圳通过建设以南方科技大学为代表的一大批创新型国际化高校带动高科技人才聚集和促进高质量创新创业的发展。党的十八大以来，深圳新引进各类人才超过 187 万，构建"鹏城英才计划"等引育并重的人才政策体系，建立"创新成果越多、经济贡献越大、奖励补贴越多"的持久激励机制等，让世界顶尖人才引得来，留得下，用得好②。

2022 年，深圳全社会研发投入占地区生产总值的比重为 5.49%，基础研究投入占全社会研发投入的比重为 7.25%，企业研发投入占全社会研发投入的比重为 94.0%。PCT国际专利申请量稳居全国城市首位。

4.2.2　北京

2023 年，北京高质量创新创业水平全国排名第 2 位，与 2022 年持平。新兴产业和国际竞争力两个维度的得分分别为 100.00 和 30.74，两个指标在全国分别排名第 1 位和第 10 位。北京的高质量创新创业指标排名与地区生产总值排名一致。从细分指标来看，北京的新兴产业排名第 1 位，与 2022 年持平；国际竞争力排名第 10 位，较 2022 年提高9 位，但是与高质量创新创业排名相差较大。

北京作为中国的政治和文化中心，是全国教育最发达的地区之一，是全国高等院校的中心，聚集了全国数量最多的重点大学和人才资源。截至 2021 年，北京研究与开发（research and development，R&D）人员规模达 33.8 万人年，是 2012 年的 1.4 倍，2013—2021 年年均增长 4.1%，其中基础研究人员达 7.6 万人年，是 2012 年的 2.2 倍。中关村国家自主创新示范区硕士和博士以上学历从业人员达 42.3 万人，是 2012 年的 2.5 倍，科技人才整体规模不断扩大、质量持续提升。

北京的研发投入总量由 2012 年的 1063.4 亿元增加到 2021 年的 2629.3 亿元，年均增

---

① 《加快建设具有全球影响力的科技和产业高地——科学精神的深圳实践》，https://sztqb.sznews.com/PC/content/202212/06/content_3002039.html，2022-12-06。

② 《加快建设具有全球影响力的科技和产业高地——科学精神的深圳实践》，https://sztqb.sznews.com/PC/content/202212/06/content_3002039.html，2022-12-06。

长 10.6%,为创新发展注入强大活力;全社会研究与试验发展投入强度由 2012 年的 5.59%
提高到 2021 年的 6.53%。基础研究经费占全社会研究与试验发展经费的比重从 2012 年
的 11.8%提高到 2021 年的 16.1%。基础研究持续取得重要进展,2021 年北京共有 64 项
重大成果获国家科学技术奖,其中 15 项成果获得国家自然科学奖,在基础数学理论、人
工智能算法、蛋白质科学、半导体材料等前沿领域实现新突破。

北京新兴产业排名遥遥领先全国其他城市,与北京重视新兴产业发展的政策密不可
分。2021 年 11 月中共北京市委、北京市人民政府印发《北京市“十四五”时期国际科
技创新中心建设规划》,提出通过构建国家实验室体系、加速北京怀柔综合性国家科学
中心建设、持续建设世界一流新型研发机构、充分发挥高水平高校院所基础研究主力军
作用和积极构建科技领军企业牵头的创新联合体等措施,力争到 2025 年,北京国际科技
创新中心基本形成,建设成为世界主要科学中心和创新高地。

北京市“十四五”时期,中共北京市委办公厅、北京市人民政府办公厅印发《北京
市关于加快建设全球数字经济标杆城市的实施方案》,提出到 2030 年北京市将建设成为
全球数字经济标杆城市。《数字中国发展报告(2021 年)》显示,北京市数字化综合发展
水平位居全国第二。截至 2022 年上半年,北京市软件和信息服务业实现增加值 3832.0
亿元,首次超过金融业,增速和占比均居北京市首位,主导地位不断强化[1]。

2023 年 9 月 5 日北京市人民政府办公厅印发《北京市促进未来产业创新发展实施方
案》,提出面向未来信息(包括通用人工智能、第六代移动通信、元宇宙、量子信息、光
电子)、未来健康(包括基因技术、细胞治疗与再生医学、脑科学与脑机接口、合成生物)、
未来制造(包括类人机器人、智慧出行)、未来能源(包括氢能、新型储能、碳捕集封存利
用)、未来材料(包括石墨烯材料、超导材料、超宽禁带半导体材料、新一代生物医用材
料)、未来空间(商业航天、卫星网络)等六大领域,到 2030 年,形成一批颠覆性技术和
重大原创成果,构建一批应用场景、中试平台和技术标准,培育一批行业领军企业、独
角兽企业,建设一批创新中心和创新联盟,培养引进一批战略科学家、产业领军人才、
产业经理人和卓越工程师。到 2035 年,集聚一批具有国际影响力和话语权的创新主体,
不断开辟产业新领域新赛道,塑造发展新动能新优势,形成若干全球领先的未来产业集
群,建成开拓世界科技产业前沿的人才高地,成为全球未来产业发展的引领者。

4.2.3　苏州

2023 年,苏州的高质量创新创业水平全国排名第 3 位,与 2022 年持平。新兴产业
和国际竞争力两个维度的得分为 33.12 和 60.84,两个指标在全国排名第 6 位和第 2 位。
苏州的高质量创新创业指标排名高于综合排名。经济指标方面,2021 年苏州的地区生产
总值为 22 718 亿元,排全国第 6 位,人均地区生产总值为 17.75 万元,排全国第 5 位。
苏州国际竞争力方面的表现最好,排名第 2 位,这与苏州的国际专利申请数量的贡献密

---

① 《〈2022 北京软件和信息服务业发展报告〉正式发布》,http://www.news.cn/info/20220730/3ca546adf0104b1199c840af8ba4bb9e/
c.html,2022-07-30。

不可分。2023 年，苏州在新兴产业发展方面排名第 6 位，比 2022 年提高 1 位。

苏州作为国家高新技术产业基地和长三角重要的中心重要城市之一，截止到 2022 年底新认定高新技术企业 5531 家，有效高企数达 13 473 家，首次跃升至全国第 4 位。高新技术产业产值 22 874.6 亿元，比上年增长 4.7%，占规模以上工业总产值比重达 52.4%。年末各类人才总量 363 万人，其中高层次人才 37 万人，高技能人才 91.2 万人。年末有效发明专利拥有量 10.45 万件，比上年增长 21.6%；万人有效发明专利拥有量 80.9 件，比上年末增加 14 件。入选首批国家知识产权强市建设示范城市和首批全国商业秘密保护创新试点地区。PCT 专利申请 3019 件[①]。

苏州全面推进产业创新集群建设，发布《苏州市推进数字经济时代产业创新集群发展的指导意见》和《苏州市推进数字经济时代产业创新集群建设 2025 行动计划》，推动数字经济和实体经济深度融合，加快锻造产业创新集群发展领先优势。2022 年末，全市电子信息、装备制造、生物医药、先进材料四大产业创新集群产值比上年增长 4.6%，规模以上新兴服务业营业收入比上年增长 18.2%。纳米新材料、生物医药及高端医疗器械、高端纺织列入国家先进制造业集群。全市数字经济核心产业增加值占地区生产总值的比重达 15.8%。规模以上工业企业智能化改造和数字化转型覆盖面达 92.9%。新增 2 家国家级工业互联网双跨平台，累计 14 家。2022 年末全市拥有国家级智能制造示范工厂 4 家，省级智能工厂 24 家，省级示范智能车间 678 个，省级领军服务机构 59 家。新增全球"灯塔工厂" 1 家，累计 6 家[②]。

苏州于 2021 年原则通过的《苏州市"十四五"科技发展规划》明确提到，苏州锚定"争创国家区域科技创新中心"[③]，着力建设具有全球影响力的综合性产业创新中心、重要领域创新策源地和世界一流创新型城市，努力打造"创业者乐园，创新者天堂"。生物医药、纳米技术应用、人工智能等产业是苏州近年来发力的重心。在纳米技术应用产业发展初期，苏州就于 2006 年引入了中国科学院苏州纳米技术与纳米仿生研究所(以下简称纳米所)，纳米所由中国科学院、江苏省人民政府、苏州市人民政府和苏州工业园区共同创建。中国科学技术大学苏州高等研究院、冷泉港实验室亚洲中心、中国科学院苏州生物医学工程技术研究所等新型研究机构的设立，使得科技成果转化难题有了突破口，纳米所落地在工业园区中，可以帮助科研人员更贴近市场，了解市场和企业的需求，进而反推科研能力的提升，形成良性循环。

2022 年苏州科技创新布局实现历史性突破。苏州实验室挂牌组建，国家新一代人工智能创新发展试验区、国家生物药技术创新中心、国家第三代半导体技术创新中心加快建设。成立苏州太湖光子中心，组建高功率半导体激光等 13 个创新联合体，启用先进技术成果转化长三角园区、国家先进功能纤维创新中心中试基地。全年新增省级以上企业

---

① 《2022 年苏州市国民经济和社会发展统计公报》，https://tjj.suzhou.gov.cn/sztjj/tjgb/202303/833db17f2d15479791c1e3077579bb74.shtml，2023-03-09。

② 《2022 年苏州市国民经济和社会发展统计公报》，https://tjj.suzhou.gov.cn/sztjj/tjgb/202303/833db17f2d15479791c1e3077579bb74.shtml，2023-03-09。

③ 《苏州市政府常务会议审议研究科技发展、工业发展"十四五"规划 李亚平主持》，https://www.suzhou.gov.cn/szsrmzf/szyw/202108/afe8cfe14b3e4a85ab6b0fe79f2d7f62.shtml，2021-08-10。

技术中心 205 家，累计 1111 家；新增省级以上工程技术研究中心 201 家，累计 1363 家。全市拥有省级重点实验室 17 家。新增市级新型研发机构 13 家，累计 91 家。

苏州高质量创新创业指标之所以能够在全国排名第 3 位，主要的措施包括：筑巢引凤，吸引高新企业集聚；以产业聚人才，以人才兴产业；政策支持与市场化运作并行；投贷联动促进产业资本融合①。

4.2.4　其他地区

2023 年高质量创新创业水平领先的城市还包括南京和杭州。南京新兴产业和国际竞争力两个指标的得分分别为 54.22 和 26.16，两个指标在全国的排名分别为第 4 位和第 14 位。杭州新兴产业和国际竞争力两个指标的得分分别为 57.14 和 21.96，两个指标在全国的排名分别为第 3 位和第 17 位。南京 2023 年产品出口这一国际竞争力指标的排名与 2022 年相比下滑 4 位，而国际专利指标的排名提高了 4 位。

2023 年以上中国主要城市的高质量创新创业得分如图 4-2 所示。

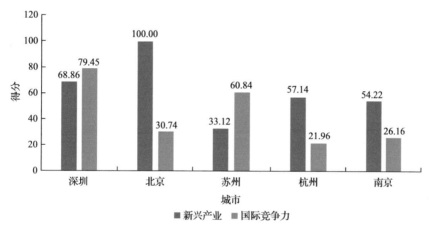

图 4-2　2023 年中国主要城市的高质量创新创业得分

4.3　重　点　区　域

4.3.1　京津冀地区

京津冀地区，北京、天津、石家庄、唐山的高质量创新创业排名差异巨大，其中，北京 2023 年的高质量创新创业排名全国第 2 位，其新兴产业排名是全国第 1 位，国际竞争力排名全国第 10 位。石家庄、天津和唐山的高质量创新创业排名分别是第 44 位、第 27 位和第 54 位，这三个城市在三级指标中的排名只有天津的新兴产业指标进入全国前 20 位，名列第 17 位，国际竞争力排名都在第 39 位及以后。整体来看，京津冀地区并未形成如长三角和珠三角地区城市之间所形成的创新协同效应，该区域只有北京一枝独秀。

①《从千年古都到创新之城，解码苏州背后的科创推力》，https://new.qq.com/rain/a/20211219A02RZJ00，2021-12-19。

4.3.2　长三角地区

长江三角地区有 16 个城市进入本次评价范围,如表 4-3 所示。在高质量创新创业排名前 10 位的城市中,长三角占据 5 席,苏州、南京、杭州、无锡和合肥排在第 3 位到第 7 位,高质量创新创业排名前 30 位的长三角地区城市还包括上海、常州、嘉兴、宁波、绍兴、南通、扬州、泰州。高质量创新创业排名较落后的长三角地区城市有盐城、温州和徐州,分别排名第 33 位、第 34 位和第 43 位。

表 4-3　长三角地区城市高质量创新创业和各维度的得分及排名

城市	高质量创新创业		新兴产业		国际竞争力	
	得分	排名	得分	排名	得分	排名
全国均值	16.69		15.43		17.96	
地区均值	23.39		21.10		25.68	
苏州	46.98	3	33.12	6	60.84	2
南京	40.19	4	54.22	4	26.16	14
杭州	39.55	5	57.14	3	21.96	17
无锡	33.86	6	26.77	10	40.95	5
合肥	31.23	7	26.93	8	35.54	7
上海	28.26	12	33.59	5	22.93	16
常州	21.56	15	23.68	12	19.45	23
嘉兴	20.39	17	12.20	22	28.57	12
宁波	20.33	18	11.11	24	29.54	11
绍兴	18.26	19	10.25	29	26.28	13
南通	16.67	22	12.09	23	21.24	18
扬州	16.52	23	12.69	20	20.34	20
泰州	12.31	30	6.42	39	18.20	24
盐城	11.18	33	7.39	33	14.97	29
温州	10.97	34	4.76	48	17.18	26
徐州	6.01	43	5.30	46	6.72	41

上海的高质量创新创业排名相较于其经济发展水平排名来说较低,仅排第 12 位,新兴产业全国排名第 5 位,主要是战新产业(人工智能专利申请数/常住人口数)的贡献,数字经济全国排名第 9 位。国际竞争力全国排名第 16 位,主要原因是在产品出口(高新技术企业出口总额占营业收入的比重)这一指标上落后,排名第 28 位。

在高质量创新创业前 30 强中上榜的 16 个长三角地区城市中,合肥、嘉兴、宁波、南通和泰州的排名相较 2022 年有所上升,上升幅度最大的是泰州和合肥,分别上升了 7 位和 4 位,排名靠后的徐州、温州和盐城的排名都比 2022 年有所下降,分别下降了 2

位、5 位和 5 位。

4.3.3　粤港澳大湾区

　　2023 年，粤港澳大湾区纳入评价的 4 个城市中，深圳的高质量创新创业全国排名第 1 位，在珠三角城市中一枝独秀；东莞、广州和佛山分别排名第 10 位、第 13 位和第 14 位(表 4-4)，其中，佛山的排名较 2022 年上升了 4 位。

表 4-4　粤港澳大湾区城市高质量创新创业和各维度的得分及排名

城市	高质量创新创业		新兴产业		国际竞争力	
	得分	排名	得分	排名	得分	排名
全国均值	16.69		15.43		17.96	
地区均值	37.94		31.42		44.46	
深圳	74.15	1	68.86	2	79.45	1
广州	25.03	13	29.86	7	20.21	21
佛山	22.80	14	12.27	21	33.33	9
东莞	29.76	10	14.69	18	44.83	4

4.4　关键指标分析

　　表 4-5 展示了各城市在战新产业这一维度上的排名与变化，25 个城市排名上升，21 个城市排名下降，12 个城市排名未发生变化。排名上升的 25 个城市中，海口、长春、襄阳、南通和呼和浩特排名上升了 5 位及以上，分别上升了 9 位、8 位、6 位、6 位和 5 位。排名下降的 21 个城市中，下降幅度最大的 4 个城市依次是温州、绍兴、泉州、泰州，分别下降了 12 位、10 位、7 位、6 位。

表 4-5　2022—2023 年各城市战新产业排名与变化

城市	2023 年	2022 年	排名变化	城市	2023 年	2022 年	排名变化
北京	1	1	0	成都	19	22	3
深圳	2	2	0	青岛	11	10	−1
南京	4	4	0	济南	13	13	0
杭州	3	3	0	无锡	10	8	−2
上海	5	6	1	西安	14	15	1
苏州	6	5	−1	佛山	21	20	−1
广州	7	7	0	厦门	15	14	−1
武汉	9	9	0	长沙	16	17	1
合肥	8	11	3	天津	17	16	−1

续表

城市	2023 年	2022 年	排名变化	城市	2023 年	2022 年	排名变化
沈阳	34	37	3	烟台	47	48	1
南昌	27	27	0	贵阳	36	32	−4
东莞	18	21	3	泰州	39	33	−6
常州	12	12	0	南宁	52	51	−1
郑州	25	24	−1	昆明	30	30	0
宁波	24	25	1	海口	26	35	9
福州	28	26	−2	温州	48	36	−12
太原	32	28	−4	洛阳	53	53	0
嘉兴	22	23	1	鄂尔多斯	50	52	2
南通	23	29	6	潍坊	31	31	0
扬州	20	18	−2	兰州	41	40	−1
徐州	46	44	−2	襄阳	43	49	6
绍兴	29	19	−10	临沂	56	57	1
重庆	49	46	−3	呼和浩特	45	50	5
西宁	51	54	3	银川	40	41	1
大连	35	38	3	泉州	54	47	−7
盐城	33	34	1	乌鲁木齐	44	42	−2
哈尔滨	38	39	1	漳州	58	55	−3
石家庄	42	43	1	唐山	55	56	1
长春	37	45	8	榆林	57	58	1

表 4-6 展示了各城市在国际竞争力这一维度上的排名与变化，23 个城市排名上升，26 个城市排名下降，9 个城市排名未发生变化。排名上升的 23 个城市中，其中泰州、海口、鄂尔多斯、北京、上海、合肥、广州和杭州的排名上升了 5 位及以上，排名分别上升了 13 位、12 位、11 位、9 位、8 位、6 位、5 位和 5 位。排名下降的 26 个城市中，下降幅度较大的 8 个城市依次是西安、常州、重庆、大连、唐山、南京、盐城和哈尔滨，分别下降了 18 位、8 位、8 位、8 位、7 位、6 位、6 位和 5 位。

表 4-6 2022—2023 年各城市国际竞争力排名与变化

城市	2023 年	2022 年	排名变化	城市	2023 年	2022 年	排名变化
北京	10	19	9	上海	16	24	8
深圳	1	1	0	苏州	2	2	0
南京	14	8	−6	广州	21	26	5
杭州	17	22	5	武汉	28	27	−1

城市	2023 年	2022 年	排名变化	城市	2023 年	2022 年	排名变化
合肥	7	13	6	大连	25	17	−8
成都	3	4	1	盐城	29	23	−6
青岛	8	9	1	哈尔滨	46	41	−5
济南	38	38	0	石家庄	44	44	0
无锡	5	6	1	长春	49	53	4
西安	34	16	−18	烟台	32	29	−3
佛山	9	11	2	贵阳	51	48	−3
厦门	6	3	−3	泰州	24	37	13
长沙	36	35	−1	南宁	19	20	1
天津	39	36	−3	昆明	52	51	−1
沈阳	40	43	3	海口	37	49	12
南昌	27	31	4	温州	26	25	−1
东莞	4	5	1	洛阳	45	42	−3
常州	23	15	−8	鄂尔多斯	22	33	11
郑州	43	46	3	潍坊	30	32	2
宁波	11	14	3	兰州	53	52	−1
福州	35	34	−1	襄阳	48	47	−1
太原	55	54	−1	临沂	42	45	3
嘉兴	12	10	−2	呼和浩特	56	56	0
南通	18	18	0	银川	50	50	0
扬州	20	21	1	泉州	33	30	−3
徐州	41	39	−2	乌鲁木齐	57	57	0
绍兴	13	12	−1	漳州	31	28	−3
重庆	15	7	−8	唐山	47	40	−7
西宁	54	55	1	榆林	58	58	0

表 4-7 展示了各城市在产品出口这一维度上的排名和变化，9 个城市排名未发生变化，排名上升的 25 个城市中，泰州、鄂尔多斯、南昌、北京、宁波和沈阳排名上升了 5 位及以上，排名分别上升了 18 位、13 位、8 位、6 位、5 位和 5 位。排名下降的 24 个城市中，下降幅度较大的城市依次是西安、哈尔滨、烟台、盐城、大连、泉州、武汉、东莞、重庆和唐山，分别下降了 19 位、8 位、7 位、6 位、6 位、5 位、5 位、5 位、5 位和 5 位。

表 4-7　2022—2023 年各城市产品出口排名与变化

城市	2023 年	2022 年	排名变化	城市	2023 年	2022 年	排名变化
北京	39	45	6	徐州	41	39	−2
深圳	5	6	1	绍兴	10	9	−1
南京	19	23	4	重庆	9	4	−5
杭州	27	28	1	西宁	53	54	1
上海	28	27	−1	大连	21	15	−6
苏州	1	1	0	盐城	25	19	−6
广州	24	26	2	哈尔滨	45	37	−8
武汉	34	29	−5	石家庄	44	44	0
合肥	11	11	0	长春	54	55	1
成都	2	2	0	烟台	31	24	−7
青岛	12	14	2	贵阳	50	48	−2
济南	37	38	1	泰州	18	36	18
无锡	3	5	2	南宁	14	16	2
西安	32	13	−19	昆明	51	51	0
佛山	6	10	4	海口	47	49	2
厦门	4	3	−1	温州	20	21	1
长沙	36	35	−1	洛阳	43	40	−3
天津	35	34	−1	鄂尔多斯	17	30	13
沈阳	38	43	5	潍坊	29	33	4
南昌	23	31	8	兰州	52	52	0
东莞	13	8	−5	襄阳	48	47	−1
常州	22	20	−2	临沂	40	42	2
郑州	42	46	4	呼和浩特	56	56	0
宁波	7	12	5	银川	49	50	1
福州	33	32	−1	泉州	30	25	−5
太原	55	53	−2	乌鲁木齐	57	57	0
嘉兴	8	7	−1	漳州	26	22	−4
南通	16	17	1	唐山	46	41	−5
扬州	15	18	3	榆林	58	58	0

　　表 4-8 展示了各城市在国际专利这一维度上的排名和变化，7 个城市排名未发生变化，排名上升的 27 个城市中，海口、长春、合肥、昆明、哈尔滨、乌鲁木齐、呼和浩特、烟台、石家庄和郑州排名提升了 5 位及以上，排名分别上升了 28 位、17 位、10 位、8 位、8 位、5 位、5 位、5 位、5 位和 5 位，除了合肥和郑州以外，这些城市的高质量创

新创业的整体排名在 35 名及以后。

表 4-8　2022—2023 年各城市国际专利排名与变化

城市	2023 年	2022 年	排名变化	城市	2023 年	2022 年	排名变化
北京	2	3	1	徐州	34	30	−4
深圳	1	1	0	绍兴	25	17	−8
南京	8	4	−4	重庆	39	40	1
杭州	9	7	−2	西宁	54	56	2
上海	7	9	2	大连	28	23	−5
苏州	5	5	0	盐城	42	36	−6
广州	13	12	−1	哈尔滨	47	55	8
武汉	11	11	0	石家庄	41	46	5
合肥	4	14	10	长春	24	41	17
成都	17	18	1	烟台	29	34	5
青岛	6	6	0	贵阳	46	47	1
济南	19	20	1	泰州	30	29	−1
无锡	15	16	1	南宁	53	52	−1
西安	23	25	2	昆明	35	43	8
佛山	12	13	1	海口	10	38	28
厦门	14	10	−4	温州	48	32	−16
长沙	21	21	0	洛阳	55	53	−2
天津	26	28	2	鄂尔多斯	36	31	−5
沈阳	38	39	1	潍坊	22	24	2
南昌	31	26	−5	兰州	50	42	−8
东莞	3	2	−1	襄阳	56	49	−7
常州	18	8	−10	临沂	57	57	0
郑州	43	48	5	呼和浩特	49	54	5
宁波	16	15	−1	银川	51	45	−6
福州	32	35	3	泉州	33	37	4
太原	40	44	4	乌鲁木齐	45	50	5
嘉兴	20	22	2	漳州	52	51	−1
南通	27	19	−8	唐山	44	27	−17
扬州	37	33	−4	榆林	58	58	0

　　排名下降的 24 个城市中，下降幅度较大的 12 个城市依次是唐山、温州、常州、南通、绍兴、兰州、襄阳、盐城、银川、南昌、大连和鄂尔多斯，分别下降了 17 位、16 位、10 位、8 位、8 位、8 位、7 位、6 位、6 位、5 位、5 位和 5 位，其中，除了常州和绍兴外，其他城市的高质量创新创业的整体排名在 20 名以后。

第 5 章 科技创业的创新网络化分析

5.1 总 体 概 述

创新网络化对于一个地区科技创业发展具有重要作用。在当今高度互联互通的世界中，随着科技的迅速发展，科技创业者也越来越意识到无法通过单打独斗完成科技创新和商业化的过程。地区创新网络化强调合作伙伴、信息共享、影响力以及网络集中程度等因素的重要性，其形成和发展可以促进知识流动、资源整合和合作交流，从而推动科技创业的繁荣和经济的可持续发展。创新网络化使得不同科技企业、研究机构和创业者之间能够形成紧密的联系和合作关系。通过这样的联系和合作，创业者可以获得重要的创新动力，以及来自不同领域和背景的专业知识、资源和支持，增强创业者的影响力和竞争力。同时，共享知识、技术和资源能够加快创新速度以及提高创新质量。总之，当一个地区的创新网络化程度较高时，科技企业和研究机构可以更加便利地相互合作，共同开展研发项目，探索新的商业机会，并将科技成果转化为市场上的创新产品和服务，更好地促进科技创业的发展。

通过数据分析，我们有以下发现。

第一，2023 年，科技创业的创新网络化指标有较为明显的分层，两极分化较为严重。排名处于第一梯队的北京和西宁的综合得分都超过了 40，但是得分最低的泰州只有 6.68。同样不同区域的创新网络化程度差异也较大，京津冀地区的创新网络化水平显著高于全国平均水平，但是长三角地区和粤港澳大湾区都低于全国平均水平。

第二，2022 年到 2023 年，各城市的创新网络化水平波动较大，只有 10 个城市的排名维持不变，其余城市的排名都出现了上升或下降。其中榆林、哈尔滨、南宁、无锡、南昌、盐城的排名较 2022 年上升最多，而乌鲁木齐、洛阳、兰州、漳州、银川的排名较 2022 年有了较大幅度的下降。

第三，各城市在不同类型的指标上表现出不同的特点和优势。在内部合作创新方面有优势的城市和在跨城市合作创新方面有优势的城市各占一半。在内部合作创新方面表现较为亮眼的城市包括西宁、襄阳、沈阳、南昌和济南，而跨城市合作创新指标排名比较靠前的城市包括北京、上海、南京、西安、武汉。从重点区域来看，京津冀地区、长三角地区和粤港澳大湾区的内部合作创新指标均值均低于全国均值。京津冀地区和粤港澳大湾区的跨城市合作创新指标均值高于全国均值，而长三角地区则低于全国均值。

5.1.1 综合得分与排名

从图 5-1 可以看出，在 2023 年的创新网络化综合得分排名中，北京排名第 1 位，紧随其后的是西宁，排第 3 位的是成都，但其得分与前两位存在一定的差距。其他进入前10 位的城市包括青岛、西安、上海、南京、沈阳、武汉和济南。排名后 10 位的城市包

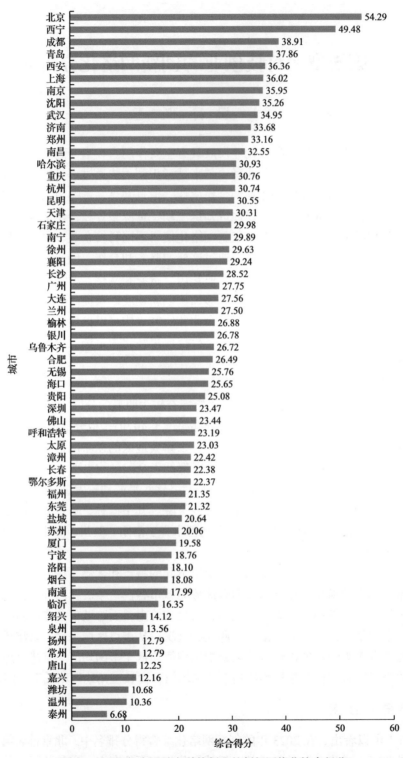

图 5-1　2023 年中国城市科技创业的创新网络化综合得分

括泰州、温州、潍坊、嘉兴、唐山、常州、扬州、泉州、绍兴和临沂。2023 年科技创业的创新网络化综合得分有明显的分层，两极分化较为严重，处于第一梯队的北京和西宁的综合得分都超过 40，综合得分最低的泰州只有 6.68。从区位分布来看，北方城市的创新网络化程度整体要高于南方城市，排名前 10 位的城市中仅成都、上海、南京、武汉 4 个城市位于南方地区，而排名后 10 位的城市中，南方地区则包括了泰州、温州、嘉兴、常州、扬州、泉州、绍兴 7 个城市。此外，沿海城市虽然在创新方面有较大的优势，但是在创新网络化方面并没有表现出显著的优势。

5.1.2　二级指标分析

对比二级指标排名和综合指标排名，内部合作创新排名低于创新网络化排名的城市共有 24 个，高于的城市共有 30 个，持平的城市共有 4 个(表 5-1)，其中相差最大的是上海，相比于创新网络化排名低 37 位。跨城市合作创新排名高于创新网络化排名的城市共有 33 个，低于的城市共有 22 个，持平的城市共有 3 个，其中相差最大的是襄阳，相比于创新网络化排名低了 34 位。

表 5-1　2023 年城市科技创业的创新网络化及其各维度得分与排名

城市	创新网络化		内部合作创新		跨城市合作创新	
	得分	排名	得分	排名	得分	排名
北京	54.29	1	27.67	31	80.91	1
西宁	49.48	2	60.40	1	38.55	6
成都	38.91	3	40.59	12	37.23	7
青岛	37.86	4	45.27	6	30.45	16
西安	36.36	5	33.48	18	39.24	4
上海	36.02	6	23.52	43	48.52	2
南京	35.95	7	31.06	23	40.83	3
沈阳	35.26	8	48.89	3	21.64	27
武汉	34.95	9	31.17	22	38.73	5
济南	33.68	10	45.31	5	22.04	25
郑州	33.16	11	40.43	13	25.89	20
南昌	32.55	12	47.95	4	17.16	33
哈尔滨	30.93	13	44.23	9	17.63	32
重庆	30.76	14	32.21	19	29.31	17
杭州	30.74	15	30.14	26	31.34	14
昆明	30.55	16	42.43	10	18.67	30
天津	30.31	17	23.73	39	36.89	8
石家庄	29.98	18	27.47	32	32.49	12
南宁	29.89	19	44.37	7	15.40	35

续表

城市	创新网络化		内部合作创新		跨城市合作创新	
	得分	排名	得分	排名	得分	排名
徐州	29.63	20	44.33	8	14.93	36
襄阳	29.24	21	53.12	2	5.37	55
长沙	28.52	22	24.39	38	32.64	11
广州	27.75	23	20.11	47	35.38	9
大连	27.56	24	30.99	24	24.12	21
兰州	27.50	25	32.16	20	22.84	24
榆林	26.88	26	25.60	33	28.17	18
银川	26.78	27	35.83	16	17.73	31
乌鲁木齐	26.72	28	22.69	45	30.76	15
合肥	26.49	29	29.05	29	23.94	22
无锡	25.76	30	29.80	27	21.72	26
海口	25.65	31	42.35	11	8.95	49
贵阳	25.08	32	39.54	14	10.62	48
深圳	23.47	33	15.54	52	31.40	13
佛山	23.44	34	23.72	40	23.15	23
呼和浩特	23.19	35	31.77	21	14.60	37
太原	23.03	36	24.76	37	21.31	28
漳州	22.42	37	30.57	25	14.27	38
长春	22.38	38	33.66	17	11.10	46
鄂尔多斯	22.37	39	10.27	56	34.46	10
福州	21.35	40	28.85	30	13.85	39
东莞	21.32	41	29.58	28	13.07	40
盐城	20.64	42	36.66	15	4.61	57
苏州	20.06	43	14.01	54	26.11	19
厦门	19.58	44	23.54	42	15.63	34
宁波	18.76	45	18.51	48	19.01	29
洛阳	18.10	46	25.11	35	11.10	45
烟台	18.08	47	23.16	44	13.01	41
南通	17.99	48	24.83	36	11.15	44
临沂	16.35	49	25.47	34	7.23	51
绍兴	14.12	50	20.47	46	7.77	50
泉州	13.56	51	23.72	41	3.41	58

城市	创新网络化		内部合作创新		跨城市合作创新	
	得分	排名	得分	排名	得分	排名
扬州	12.79	52	18.41	49	7.18	52
常州	12.79	52	14.80	53	10.78	47
唐山	12.25	54	17.43	50	7.07	53
嘉兴	12.16	55	11.67	55	12.65	42
潍坊	10.68	56	9.99	57	11.37	43
温州	10.36	57	15.60	51	5.12	56
泰州	6.68	58	7.45	58	5.91	54
权重	100		50		50	

在内部合作创新方面，西宁的表现极为亮眼，得分高达 60.40。排名前 5 位的城市还包括襄阳、沈阳、南昌和济南。其中襄阳的内部合作创新程度较高，排名明显高于其创新网络化排名(第 21 位)。泰州排在最后，得分仅为 7.45。潍坊、鄂尔多斯、嘉兴、苏州在内部合作创新方面也相对较为落后。尽管北京在创新网络化排名中位居第 1，但在内部合作创新方面的排名仅为第 31 位。尤其是在产学研合作创新方面，北京的排名仅为第 47 位。这表明，尽管北京在跨城市合作创新方面取得了显著成就，但在内部合作强度和产学研合作创新方面仍有进步的空间。类似的情况也出现在上海，其内部合作创新排名仅为第 43 位。

在跨城市合作创新方面，北京的跨城市合作创新指标得分遥遥领先于其他城市，得分高达 80.91，甚至远远高于排在第 2 位的上海。除了北京和上海之外，南京、西安以及武汉分别排在第 3 位、第 4 位和第 5 位。排在前 5 位的城市，跨城市合作创新指标的排名都不低于其内部合作创新指标和创新网络化指标的排名。在所有的城市中，泉州的跨城市合作创新程度最低，得分仅为 3.41。除此之外，盐城、温州、襄阳以及泰州在此指标上表现也较差。

各城市在不同类型的指标上表现出不同的特点和优势。以排在前两位的北京和西宁为例，北京主要依靠跨城市合作创新，而西宁则主要侧重于城市内部合作创新。同时，观察到襄阳、鄂尔多斯、盐城、上海和深圳在内部和跨城市合作创新方面存在较大差异。具体而言，襄阳和盐城在内部合作创新指标上的排名远超跨城市合作创新指标，而鄂尔多斯、上海和深圳则相反。总体来看，在所有统计的城市中，内部合作创新排名落后于跨城市合作创新排名的城市，与高于跨城市合作创新排名的城市各占一半。一般情况下，更依赖于内部合作创新的城市多为创新发展水平相对较为落后的城市，早期的创新投入多集中在该城市的优势产业，因此，创新活动更多在城市内部之间合作开展。更依赖于跨城市合作创新的城市通常创新质量较高，创新的多样化程度较高，并且很多都围绕着基础创新展开，创新所带来的溢出效应较大，但是，这些城市缺乏创新转化的资源，如廉价的土地、劳动力等，因此，需要开展跨城市的合作进行成果转化。

对于这些城市来说，虽然整体上表现较好，但在细分指标上仍存在较大的改进空间。在所有城市中，只有西宁在两个指标上都排名前 10 位，成都、青岛和西安在两个指标上的排名相对较高，并且发展较为均衡。然而，泰州、绍兴、扬州、唐山、温州等城市在两个指标上的排名都相对较靠后，这些城市需要更好地整合内部资源，加强组织间的合作，促进创新生态系统的协同发展。同时，还应积极寻求跨城市合作的机会，建立更广泛的合作伙伴关系，并加强信息交流和共享，以改善跨城市合作创新的效果。

综上所述，各城市在内部合作创新和跨城市合作创新方面存在明显差异，需要有针对性地加强不同方面的合作。通过更加综合、协调的合作模式，这些城市可以进一步提升创新能力和竞争力，实现可持续发展、繁荣发展。

5.1.3　排名变化

根据 2022 年和 2023 年的创新网络化指标排名的对比(表 5-2)，北京和西宁在这两年一直稳居前两名的位置，温州和泰州则一直是样本城市中的最后两名。在排名前 10 位的城市中，北京、西宁、成都、青岛、西安、上海、南京和武汉这 8 个城市在 2022 年和 2023 年都稳定地保持在前 10 位之列。沈阳和济南这 2 个城市在 2022 年未进入前 10 位，而在 2023 年成功进入了前 10 位的行列。乌鲁木齐和兰州则在 2022 年名列前 10 位，但在 2023 年排名下滑，跌出了前 10 位。后 10 位的城市相对较为稳定，只有嘉兴和常州这两个城市在 2022 年未进入后 10 位，而在 2023 年却降至后 10 位之中。与此相反，榆林和盐城的排名迅速上升，跳出了后 10 位的行列。总的来说，这些城市的排名变化呈现出一定的稳定性，但也有部分城市在这两年间出现了明显的上升或下降趋势。

表 5-2　2022—2023 年各城市科技创业的创新网络化的排名与变化

城市	2023 年	2022 年	排名变化	城市	2023 年	2022 年	排名变化
北京	1	1	0	杭州	15	20	5
西宁	2	2	0	昆明	16	13	−3
成都	3	4	1	天津	17	15	−2
青岛	4	5	1	石家庄	18	18	0
西安	5	7	2	南宁	19	34	15
上海	6	6	0	徐州	20	30	10
南京	7	3	−4	襄阳	21	17	−4
沈阳	8	11	3	长沙	22	22	0
武汉	9	8	−1	广州	23	19	−4
济南	10	16	6	大连	24	25	1
郑州	11	12	1	兰州	25	10	−15
南昌	12	26	14	榆林	26	54	28
哈尔滨	13	35	22	银川	27	14	−13
重庆	14	21	7	乌鲁木齐	28	9	−19

续表

城市	2023 年	2022 年	排名变化	城市	2023 年	2022 年	排名变化
合肥	29	28	−1	厦门	44	37	−7
无锡	30	45	15	宁波	45	43	−2
海口	31	44	13	洛阳	46	31	−15
贵阳	32	38	6	烟台	47	41	−6
深圳	33	24	−9	南通	48	40	−8
佛山	34	32	−2	临沂	49	51	2
呼和浩特	35	27	−8	绍兴	50	50	0
太原	36	33	−3	泉州	51	53	2
漳州	37	23	−14	扬州	52	52	0
长春	38	42	4	常州	52	46	−6
鄂尔多斯	39	29	−10	唐山	54	49	−5
福州	40	36	−4	嘉兴	55	48	−7
东莞	41	39	−2	潍坊	56	55	−1
盐城	42	56	14	温州	57	57	0
苏州	43	47	4	泰州	58	58	0

注：表中排名变化中正数为排名上升位数，负数为排名下降位数

　　总体来说，对比 2022 年和 2023 年的情况，创新网络化排名上升幅度较大的城市包括榆林（上升 28 位）、哈尔滨（上升 22 位）、南宁（上升 15 位）、无锡（上升 15 位）、南昌（上升 14 位）、盐城（上升 14 位）、海口（上升 13 位）、徐州（上升 10 位）、重庆（上升 7 位）、济南（上升 6 位）及贵阳（上升 6 位）。排名下降幅度较大的城市分别是乌鲁木齐（下降 19 位）、洛阳（下降 15 位）、兰州（下降 15 位）、漳州（下降 14 位）、银川（下降 13 位）、鄂尔多斯（下降 10 位）、深圳（下降 9 位）、南通（下降 8 位）、呼和浩特（下降 8 位）、嘉兴（下降 7 位）、厦门（下降 7 位）及常州（下降 6 位）。

5.2　领　先　地　区

5.2.1　北京

　　北京在 2022 年和 2023 年科技创业的创新网络化维度均排名第一，并且大幅度领先其余城市。经济指标方面，2021 年北京地区生产总值为 40 270 亿元，全国排名第 2 位；人均地区生产总值为 183 980 元，全国排名第 4 位；第二产业和第三产业增加值占地区生产总值的比重分别为 18.05% 和 81.67%。北京科技创业的创新网络化指标排名高于经济总量和人均经济指标排名。

　　分指标来看，北京在科技创业的创新网络化方面有显著的优势，主要源自其跨城市

合作创新(图 5-2)。尽管 2023 年的跨城市合作创新指标得分为 80.91,略低于 2022 年的 85.52,但仍然连续两年排在所有城市的首位。具体来看,北京在跨城市合作强度方面排名第 6 位,相较于 2022 年还有所下降。然而,从创新领导力和创新信息优势两个方面来看,北京的表现卓越,连续两年都排名第 1 位。

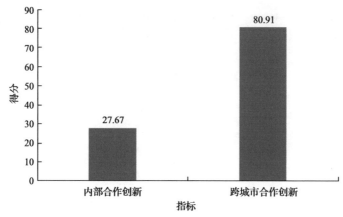

图 5-2　北京创新网络化二级指标柱状图

相较而言,北京在内部合作创新方面的表现相对较差,尤其在产学研合作创新方面存在明显的不足。数据显示,2023 年北京的内部合作创新指标得分为 27.67,全国排名第 31 位,而在 2022 年该指标得分为 36.13,排名第 9 位,这表明指标得分显著下降。此外,2023 年的内部合作强度指标得分为 10.74,排名第 4 位,排名相较 2022 年保持不变。产学研合作创新指标得分为 17.32,排名第 47 位,相较于 2022 年,排名下降了 2 位(表 5-3)。

表 5-3　北京创新网络化基础指标

指标	得分		排名		排名变化
	2022 年	2023 年	2022 年	2023 年	
内部合作强度	11.28	10.74	4	4	0
产学研合作创新	19.45	17.32	45	47	−2
跨城市合作强度	18.97	18.57	5	6	−1
创新领导力	85.52	89.42	1	1	0
创新信息优势	292.08	305.46	1	1	0

注:表中排名变化中正数为排名上升位数,负数为排名下降位数

北京作为中国的首都,是全国创新资源最为聚集的城市之一,自 2017 年以来一直居全球"自然指数-科研城市"榜首,吸引着全国各地优秀的科学引领者及行业创新者。在创新方面,北京一直强调打造全球创新高地,加强开放创新,推动科技和制度的双轮创新,使得北京成为全球的创新高地,为跨城市创新合作网络的建立打下了坚实的基础。北京长期坚持的开放创新合作态度,也使得企业、高校和科研院所以及政府机构之间的合作不局限在城市内部。

但从其他方面来看,北京的内部合作创新水平相对较差。一方面,虽然北京有诸多高

校院所和科研机构，但是在转化的过程中，本地化资源，如土地，往往不足，因此需要更加依赖外部的创新资源对科技成果进行转化。另一方面，北京作为一个重要的科技创新中心，各企业和机构之间也存在着较为激烈的竞争关系。这种竞争关系导致信息共享和合作意愿不足，限制了其内部合作创新的发展。因此，北京要想进一步发展其创新合作网络，需要加强其内部的创新合作，增强合作文化意识、改善管理机制、加强产学研合作等。

5.2.2　西宁

西宁在 2022 年和 2023 年科技创业的创新网络化指标均排名第 2 位，仅落后于北京。从经济指标上来看，2021 年西宁的地区生产总值为 1549 亿元，在全国排名第 188 位；人均地区生产总值为 62 638 元，在全国排名 140 位；第二产业和第三产业增加值占地区生产总值的比重分别为 33.46% 和 62.74%。很显然，西宁科技创业的创新网络化指标排名明显高于经济总量和人均经济指标排名。

分指标来看，与北京不同，西宁的创新网络化的优势主要在其内部合作创新(图 5-3)，但产学研合作创新强度依然不足。2023 年，西宁内部合作创新指标得分为 60.40，在全国排名第 1 位。其中，内部合作强度的指标得分为 29.89，全国排名第 1 位，但产学研合作创新指标得分仅为 16.96，排名第 48 位(表 5-4)。

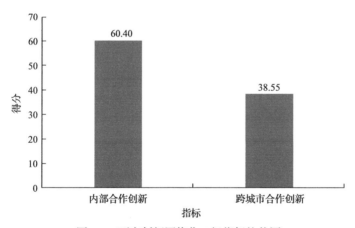

图 5-3　西宁创新网络化二级指标柱状图

表 5-4　西宁创新网络化基础指标

指标	得分		排名		排名变化
	2022 年	2023 年	2022 年	2023 年	
内部合作强度	20.71	29.89	1	1	0
产学研合作创新	16.27	16.96	48	48	0
跨城市合作强度	28.80	37.75	2	1	1
创新领导力	15.32	16.44	44	42	2
创新信息优势	35.69	38.07	49	48	1

注：表中排名变化中正数为排名上升位数，负数为排名下降位数

西宁在跨城市合作创新方面，表现也较为亮眼。2023 年，西宁的跨城市合作创新排名也从 2022 年的全国第 8 位上升到全国第 6 位。西宁的跨城市合作创新指标的优势主要体现在跨城市合作强度上，该指标在 2023 年全国排名第 1 位，并且比 2022 年提升 1 位。但是，西宁的创新领导力和创新信息优势都相对较弱。2023 年创新领导力指标仅排名第 42 位，虽然比 2022 年提升 2 位，但排名依然较靠后。同样，在创新信息优势方面，西宁 2023 年的全国排名为第 48 位，而 2022 年排名第 49 位。这说明西宁这些年创新发展的水平不断提高，不仅提升了本地创新水平，同时也带来了一定的创新外溢，但是因为城市过去的创新积累有限，缺乏在全国范围内有影响力的大企业主导跨城市创新合作。

总体来看，西宁的创新网络化水平排在全国前列，这得益于近年来西宁持续加强科技创新工作。2021 年以来，西宁全社会研究与试验发展经费投入不断增加，经费投入强度也不断提高，并且，强调企业的创新主体地位。同时，在增加创新投入的同时，西宁也通过组建创新联盟的方式推动内部和外部的创新合作。从内部来看，西宁实施"畅通经脉"工程，建设世界级盐湖产业创新基地，建设国家级创新平台，保障资金和创新资源的配置。西宁 2022 年企业创新活动调查显示，西宁有 230 家企业与其他企事业单位合作开展创新活动，占全市有创新活动企业总数的 68.45%。但是西宁的产学研合作比例较低，如数据显示仅有 23.91% 的规上企业与高校和科研机构等开展了创新合作[①]。此外，西宁市与海东市、海西蒙古族藏族自治州、中国科学院青海盐湖研究所、中国科学院西北高原生物研究所分别签订战略合作协议，与 7 家高校院所组建省垣高校院所科技创新联盟，联合乌鲁木齐等 20 个城市科技部门，构建国内大循环科技创新服务体系[②]，加大了西宁跨城市合作创新强度。高创新投入使得西宁的跨城市创新领导力和创新信息优势都有了一定的提升，但是，由于西宁缺乏较为有领导力的科技创新企业，所以总体来看，相比于内部合作创新，西宁在跨城市合作创新方面相对较弱。

5.2.3　成都

2023 年，成都科技创业的创新网络化指标得分为 38.91，在所有样本城市中排名第 3 位，比 2022 年上升了 1 位。从经济指标上来看，2021 年成都的地区生产总值为 19 917 亿元，在全国排名第 7 位；人均地区生产总值为 94 622 元，在全国排名 63 位；第二产业和第三产业增加值占地区生产总值的比重分别为 30.7% 和 66.4%。成都科技创业的创新网络化排名高于地区生产总值和人均地区生产总值排名。

分指标来看，如图 5-4 所示，成都的内部合作创新和跨城市合作创新发展较为均衡，从排名来看，跨城市合作创新的发展稍强于内部合作创新。2023 年内部合作创新指标得分为 40.59，排名第 12 位，较 2022 年上升 2 位。跨城市合作创新指标得分为 37.23，排名第 7 位，与 2022 年持平。虽然内部合作创新和跨城市合作创新排名都低于创新网络化排名，但没有明显的弱项。就内部合作创新而言，成都的内部合作强度依然不足，但是产学研合作创新的发展水平较高。如表 5-5 所示，2023 年内部合作强度指标的得分仅为

---

① 《2022 年全市 23.91% 的规上企业与高校、科研机构等开展了创新合作》，https://www.xining.gov.cn/sjgk/zxgk/202312/t20231229_197530.html，2023-12-29。

② 《西宁成为全省重大创新成果策源地》，https://www.qh.chinanews.com.cn/yw/news/2024/0313/123779.html，2024-03-13。

3.24，排名第 37 位，较 2022 年下降 3 位。产学研合作创新指标得分是 49.79，排名第 10 位，较 2022 年下降了 1 位。

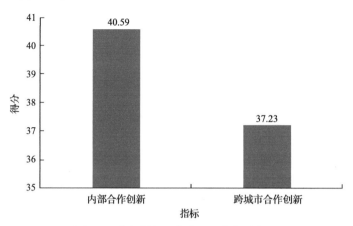

图 5-4 成都创新网络化二级指标柱状图

表 5-5 成都创新网络化基础指标

指标	得分		排名		排名变化
	2022 年	2023 年	2022 年	2023 年	
内部合作强度	3.13	3.24	34	37	−3
产学研合作创新	48.31	49.79	9	10	−1
跨城市合作强度	12.47	13.61	12	14	−2
创新领导力	44.01	48.19	7	6	1
创新信息优势	108.22	119.87	9	10	−1

注：表中排名变化中正数为排名上升位数，负数为排名下降位数

针对跨城市合作创新，整体来看，成都的创新领导力越来越强。跨城市合作强度指标的得分为 13.61，排名第 14 位，较 2022 年下降 2 位。创新领导力指标的得分为 48.19，排名第 6 位，较 2022 年上升 1 位。创新信息优势指标的得分为 119.87，排名第 10 位，较 2022 年下降 1 位。

总体来看，成都在创新合作网络发展方面，只有内部合作强度排名相对较为靠后，各项指标发展较为均衡。特别强调，成都整体的创新领导力有了一定的提升，其他指标的排名都有小幅度下降。2022 年开始，成都不断增强创新活力，加强了对空间、技术和平台的布局，提升了协同创新、成果转化、城市治理三大能力，加快推进建设具有全国影响力的科创中心。一方面，成都不断引入战略科技力量，建设科技城。另一方面，成都加强培育壮大企业创新主体，支持企业发展公关技术。一直以来，成都重视推动科技成果的落地转化，不断深入推进院校的融合创新，深化与高校院所的战略合作，引进落地成都西电网络安全研究院、北理工创新装备研究院等以成果转化应用为导向的新型研发机构，推进环高校知识经济圈建设，建成一批成果转化应用平台，聚集 500 余个创业团队,孵化培育超 200 家科技型企业[①]。成都的创新领导力不断增强,这些外部引进的科研院所、创业团队也促进了成都的跨城市创新合作强度的提升。

5.2.4　青岛

2023 年,青岛科技创业的创新网络化指标得分为 37.86,在所有样本城市中排名第 4 位,比 2022 年上升了 1 位。从经济指标上来看,2021 年,青岛的地区生产总值为 141 36 亿元,在全国排名第 13 位;人均地区生产总值为 138 849 元,在全国排名 20 位;第二产业和第三产业增加值占地区生产总值的比重分别为 35.87% 和 60.81%。青岛的创新网络化排名高于经济总量和人均经济指标排名。

分指标来看,青岛的内部合作创新指标排名优于其跨城市合作创新指标(图 5-5)。2023 年,青岛的内部合作创新指标排名第 6 位,较 2022 年下降 3 位,跨城市合作创新指标排名第 16 位,与 2022 年持平。就内部合作创新而言,2023 年青岛内部合作强度指标的得分为 26.98,排名第 2 位,与 2022 年持平;产学研合作创新指标的得分为 4.25,排名第 56 位,较 2022 年上升 1 位(表 5-6)。显然,青岛虽然十分重视内部合作创新,但是产学研合作创新水平相对较低。

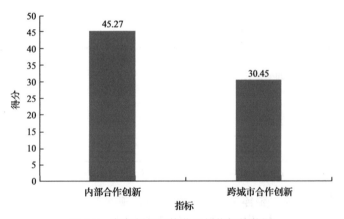

图 5-5　青岛创新网络化二级指标柱状图

表 5-6　青岛创新网络化基础指标

指标	得分		排名		排名变化
	2022 年	2023 年	2022 年	2023 年	
内部合作强度	18.05	26.98	2	2	0
产学研合作创新	5.68	4.25	57	56	1
跨城市合作强度	8.57	10.47	30	27	3
创新领导力	33.15	40.67	12	13	−1
创新信息优势	90.25	115.26	12	11	1

注:表中排名变化中正数为排名上升位数,负数为排名下降位数

①《"创"与"拼"！成都 2022 科技"创新"》,https://www.jiemian.com/article/8768892.html,2023-01-17。

就跨城市合作创新而言,整体来看,青岛在跨城市创新中有一定的影响力,青岛跨城市合作强度指标得分为 10.47,排名第 27 位,较 2022 年上升 3 位。创新领导力指标得分为 40.67,排名第 13 位,较 2022 年下降 1 位。创新信息优势指标得分为 115.26,排名第 11 位,较 2022 年上升 1 位。

一直以来,青岛都特别注重打造高端创新平台,这些创新平台可以耦合科技创新资源,"集中力量办大事",促进创新组织的合作。2022 年,青岛获批 4 家省技术创新中心,中华人民共和国科学技术部(简称科技部)也批复了海尔建设工业大脑国家新一代人工智能开放创新平台,通过合作创新方式,加快工业制造智能化转型[①]。青岛在 2022 年以前更重视对创新企业的培育和扶持,培养出了一批创新活力较强的企业,但是,这也在一定程度上阻碍了青岛的企业和科研院所之间的合作,使得青岛的产学研合作创新水平较为落后。青岛的科技创新多集中在海洋领域,具有地域经济特色,因此,青岛的跨城市合作强度并不高,但是,青岛常年以来特别注重国际合作,因此创新领导力较高,创新信息优势较强。

5.2.5　西安

2023 年,西安科技创业的创新网络化指标得分为 36.36,在所有样本城市中排名第 5 位,比 2022 年上升了 2 位。从经济指标上来看,2021 年,西安的地区生产总值为 10 688 亿元,在全国排名第 24 位;人均地区生产总值为 83 689 元,在全国排名第 84 位;第二产业和第三产业增加值占地区生产总值的比重分别为 33.54%和 63.57%。西安科技创业的创新网络化排名高于地区生产总值和人均地区生产总值排名。

分指标来看,西安的跨城市合作创新指标优于其内部合作创新指标(图 5-6)。2023 年,西安内部合作创新指标排名第 18 位,较 2022 年上升 3 位,跨城市合作创新指标排名第 4 位,与 2022 年持平。如表 5-7 所示,就内部合作创新而言,2023 年内部合作强度指标得分为 4.09,排名第 30 位,较 2022 年下降 4 位。产学研合作创新指标得分为 39.02,

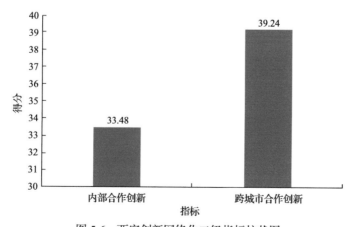

图 5-6　西安创新网络化二级指标柱状图

---

①《青岛市科技局 2022 年工作报告》,http://www.qingdao.gov.cn/zwgk/xxgk/kjj/gkml/gzxx/202212/t20221226_6582634.shtml,2022-12-11。

表 5-7　西安创新网络化基础指标

指标	得分		排名		排名变化
	2022	2023	2022	2023	
内部合作强度	3.52	4.09	26	30	−4
产学研合作创新	35.87	39.02	19	19	0
跨城市合作强度	8.63	11.22	29	18	11
创新领导力	52.09	51.81	4	5	−1
创新信息优势	140.27	144.62	5	7	−2

注：表中排名变化中正数为排名上升位数，负数为排名下降位数

排名第 19 位，与 2022 年持平。西安的内部合作创新网络的发展相对缓慢，无论是内部合作强度还是产学研合作创新水平都需要进一步提升。

就跨城市合作创新而言，2023 年跨城市合作强度指标得分为 11.22，排名第 18 位，较 2022 年上升 11 位。创新领导力指标得分为 51.81，排名第 5 位，较 2022 年下降 1 位。创新信息优势指标得分为 144.62，排名第 7 位，排名下降 2 位。

西安自 2016 年被国家列入全面创新改革试验区以来，坚持以深化统筹科技资源改革为主线，多措并举推动科技创新引领高质量发展。通过改革突破激发创新活力，构建全链条服务机制加速成果转化，释放科教资源红利推动高质量发展，为建设创新型城市奠定坚实基础。西安在科技成果转化方面，不仅有独具特色的"西光模式"，也有西安交通大学等试点高校探索的"先确权、后转化"的有效模式，西安交通大学形成了"政金产学研+校友"新型产学研生态圈。西安一直以来都积极支持高校的发展，不断探索校地合作机制以及产学研协同创新模式，安排科技计划项目，支持西安交通大学、西北工业大学、西安电子科技大学、西北大学、西安理工大学等一批高校组织重大平台和学科建设、人才管理改革和科技成果转化项目，形成"西安高校院所科技成果就地转化联盟""西安校友校地合作创新发展联盟"，截至 2021 年，西安协调组织高校院所 5000 余名科技人员为 500 多家驻市企业解决技术难题[①]西安通过研究型大学提升了其创新领导力和创新信息优势地位。同时，西安也通过校友来推动跨城市的合作创新活动的开展。

5.3　重 点 区 域

5.3.1　京津冀地区

京津冀地区有四个城市纳入评价，分别为北京、天津、石家庄和唐山。其创新网络化和各维度得分及排名如表 5-8 所示。整体来看，京津冀地区的城市科技创业的创新网络化指标的平均水平高于全国平均水平，内部合作创新指标的平均水平低于全国平均水平，而跨城市合作创新指标的平均水平则高于全国平均水平。

---

① 《奋进新征程 科创正当时 | 共建新西安：科技成果转化让创新不再束手脚》，http://xakj.xa.gov.cn/kjdt/gzdt/634bec59f8fd1c4c212024ca.html，2022-10-13。

表 5-8　2023 年京津冀地区创新网络化和各维度得分及排名

城市	创新网络化	内部合作创新	跨城市合作创新
全国均值	25.57	29.48	21.66
地区均值	31.71	24.08	39.34
北京	54.29（1）	27.67（31）	80.91（1）
天津	30.31（17）	23.73（39）	36.89（8）
石家庄	29.98（18）	27.47（32）	32.49（12）
唐山	12.25（54）	17.43（50）	7.07（53）

注：表中括号内的数据为 2023 年在样本城市中的排名

从各城市得分来看，北京创新网络化得分最高，其次为天津，唐山最低。其中，北京、天津和石家庄的得分高于全国均值，而唐山的得分低于全国均值。4 个城市的内部合作创新得分均低于全国均值，其中，北京虽然在全部样本城市中只排名第 31 位，但是依旧是京津冀地区排名最靠前的城市，石家庄、天津和唐山分别排在第 32 位、第 39 位和第 50 位。除了唐山外，其余城市的跨城市合作创新得分均高于全国均值，北京全国排名第 1 位，天津和石家庄分别排名第 8 位和第 12 位，而唐山得分远远低于其他样本城市，排名第 53 位。总体来看，京津冀地区的唐山在各方面都发展得相对落后，京津冀地区城市都需要重点加强内部合作创新网络的建设，加强城市内部的合作。

5.3.2　长三角地区

长三角地区有 16 个城市纳入评价，分别为上海、南京、杭州、苏州、无锡、南通、泰州、扬州、绍兴、嘉兴、盐城、常州、温州、宁波、徐州和合肥。其创新网络化和各维度得分及排名见表 5-9。整体来看，长三角地区的城市科技创业的创新网络化水平低于全国平均水平，并且无论是内部合作创新的得分，还是跨城市合作创新的得分，都低于全国平均水平。

表 5-9　2023 年长三角地区创新网络化和各维度得分及排名

城市	创新网络化	内部合作创新	跨城市合作创新
全国均值	25.57	29.48	21.66
地区均值	20.68	23.14	18.22
上海	36.02（6）	23.52（43）	48.52（2）
南京	35.95（7）	31.06（23）	40.83（3）
杭州	30.74（15）	30.14（26）	31.34（14）
苏州	20.06（43）	14.01（54）	26.11（19）
无锡	25.76（30）	29.80（27）	21.72（26）
南通	17.99（48）	24.83（36）	11.15（44）
泰州	6.68（58）	7.45（58）	5.91（54）

续表

城市	创新网络化	内部合作创新	跨城市合作创新
扬州	12.79(52)	18.41(49)	7.18(52)
绍兴	14.12(50)	20.47(46)	7.77(50)
嘉兴	12.16(55)	11.67(55)	12.65(42)
盐城	20.64(42)	36.66(15)	4.61(57)
常州	12.79(52)	14.8(53)	10.78(47)
温州	10.36(57)	15.60(51)	5.12(56)
宁波	18.76(45)	18.51(48)	19.01(29)
徐州	29.63(20)	44.33(8)	14.93(36)
合肥	26.49(29)	29.05(29)	23.94(22)

注：表中括号内的数据为 2023 年在样本城市中的排名

　　分城市来看，长三角地区只有上海和南京在创新网络化方面排到了全国的前 10 位，其余城市的排名大部分相对靠后，并且泰州是所有样本城市中得分最低的城市。内部合作创新方面，仅徐州进入全国前 10 位。跨城市合作创新指标也仅有上海和南京进入了全国前 10 位。总体来看，长三角地区各城市创新网络化水平和该地区的经济发展水平并不相符。随着创新复杂程度的不断增大，创新网络化对于科技创业至关重要。因此，长三角地区的各城市应提高城市内部以及跨城市的合作创新强度。同时，也应该充分发挥区域优势，加强城市间合作创新。

5.3.3　粤港澳大湾区

　　粤港澳大湾区有四个城市纳入评价，分别为深圳、广州、佛山和东莞。其创新网络化和各维度得分及排名如表 5-10 所示。整体来看，粤港澳大湾区城市科技创业的创新网络化平均水平略低于全国平均水平，主要原因在于其内部合作创新平均水平低于全国平均水平。粤港澳大湾区城市的跨城市合作创新平均水平高于全国平均水平，这体现出粤港澳大湾区在创新方面开放程度较高。

表 5-10　2023 年粤港澳大湾区创新网络化和各维度得分及排名

城市	创新网络化	内部合作创新	跨城市合作创新
全国均值	25.57	29.48	21.66
地区均值	24.00	22.24	25.75
深圳	23.47(33)	15.54(52)	31.4(13)
广州	27.75(23)	20.11(47)	35.38(9)
佛山	23.44(34)	23.72(40)	23.15(23)
东莞	21.32(41)	29.58(28)	13.07(40)

注：表中括号内的数据为 2023 年在样本城市中的排名

分城市来看，粤港澳大湾区创新网络化排名最高的城市为广州，但是在全国范围内也只排在了第 23 位，其余城市的排名相对较靠后，深圳、佛山和东莞分别排名第 33 位、第 34 位和第 41 位。内部合作创新方面，东莞得分最高，排名第 28 位，接下来依次是佛山、广州及深圳，分别排名第 40 位、第 47 位和第 52 位。粤港澳大湾区各城市在跨城市合作创新方面的表现相对较好，广州得分最高，全国排名第 9 位，接下来依次为深圳、佛山和东莞，分别排名第 13 位、第 23 位和 40 位。

5.4　关键指标分析

本节重点分析三级指标，包括内部合作强度、产学研合作创新、跨城市合作强度、创新领导力以及创新信息优势的变化情况。

表 5-11 展示了 2022—2023 年各城市在内部合作强度这一维度上的排名与变化，其中西宁、青岛、佛山、北京和太原是排名前 5 位的城市，其中，除了太原 2023 年的排名较 2022 年上升 1 位，其余城市 2023 年的排名与 2022 年的相同，意味着这些城市的内部合作强度较大，且较为稳定。东莞、扬州、泰州、大连和无锡是排名最末的 5 个城市，这些城市的波动相对较大，只有泰州的排名在 2022—2023 年保持不变，扬州和大连的排名分别下降了 9 位和 6 位，无锡和东莞的排名则下降了 1 位。

表 5-11　2022—2023 年各城市内部合作强度排名与变化

城市	2023 年	2022 年	排名变化	城市	2023 年	2022 年	排名变化
西宁	1	1	0	上海	18	15	−3
青岛	2	2	0	呼和浩特	19	12	−7
佛山	3	3	0	鄂尔多斯	20	17	−3
北京	4	4	0	济南	21	14	−7
太原	5	6	1	杭州	22	24	2
石家庄	6	5	−1	常州	23	18	−5
宁波	7	10	3	南宁	24	30	6
唐山	8	9	1	重庆	25	23	−2
兰州	9	11	2	乌鲁木齐	26	25	−1
福州	10	20	10	武汉	27	22	−5
南京	11	8	−3	榆林	28	51	23
潍坊	12	41	29	合肥	29	31	2
银川	13	7	−6	西安	30	26	−4
广州	14	19	5	烟台	31	43	12
长沙	15	13	−2	南昌	32	47	15
天津	16	16	0	沈阳	33	32	−1
郑州	17	21	4	贵阳	34	35	1

城市	2023 年	2022 年	排名变化	城市	2023 年	2022 年	排名变化
泉州	35	36	1	海口	47	28	−19
绍兴	36	38	2	苏州	48	52	4
成都	37	34	−3	深圳	49	44	−5
嘉兴	38	46	8	哈尔滨	50	54	4
南通	39	27	−12	徐州	51	45	−6
昆明	40	33	−7	温州	52	55	3
长春	41	42	1	漳州	53	58	5
襄阳	42	40	−2	无锡	54	53	−1
盐城	43	50	7	大连	55	49	−6
临沂	44	29	−15	泰州	56	56	0
厦门	45	37	−8	扬州	57	48	−9
洛阳	46	39	−7	东莞	58	57	−1

注：表中排名变化中正数为排名上升位数，负数为排名下降位数

表 5-12 展示了 2022—2023 年各城市产学研合作创新排名与变化。襄阳、沈阳、南昌、徐州和哈尔滨依次排在前 5 名，哈尔滨的排名上升较多，2023 年较 2022 年上升了 7 位。潍坊、佛山、青岛、鄂尔多斯和宁波排名最末，其中鄂尔多斯的排名下降最多，2023 年较 2022 年下降了 11 位。

表 5-12　2022—2023 年各城市产学研合作创新排名与变化

城市	2023 年	2022 年	排名变化	城市	2023 年	2022 年	排名变化
襄阳	1	1	0	郑州	13	10	−3
沈阳	2	3	1	长春	14	21	7
南昌	3	2	−1	东莞	15	17	2
徐州	4	7	3	大连	16	13	−3
哈尔滨	5	12	7	漳州	17	5	−12
海口	6	30	24	无锡	18	39	21
昆明	7	4	−3	西安	19	19	0
济南	8	11	3	重庆	20	16	−4
南宁	9	15	6	银川	21	14	−7
成都	10	9	−1	武汉	22	23	1
贵阳	11	18	7	呼和浩特	23	26	3
盐城	12	36	24	合肥	24	20	−4

续表

城市	2023 年	2022 年	排名变化	城市	2023 年	2022 年	排名变化
杭州	25	29	4	温州	42	41	−1
临沂	26	43	17	深圳	43	37	−6
洛阳	27	6	−21	石家庄	44	53	9
兰州	28	8	−20	苏州	45	51	6
南通	29	24	−5	广州	46	42	−4
南京	30	22	−8	北京	47	45	−2
厦门	31	33	2	西宁	48	48	0
榆林	32	56	24	太原	49	49	0
泉州	33	32	−1	常州	50	47	−3
福州	34	27	−7	嘉兴	51	35	−16
烟台	35	28	−7	唐山	52	54	2
扬州	36	46	10	泰州	53	52	−1
乌鲁木齐	37	25	−12	宁波	54	50	−4
绍兴	38	38	0	鄂尔多斯	55	44	−11
上海	39	34	−5	青岛	56	57	1
天津	40	31	−9	佛山	57	58	1
长沙	41	40	−1	潍坊	58	55	−3

注：表中排名变化中正数为排名上升位数，负数为排名下降位数

　　表 5-13 展示了 2022—2023 年各城市跨城市合作强度排名与变化。西宁、鄂尔多斯、榆林、乌鲁木齐和石家庄依次排在前 5 名，榆林的排名上升了 3 位，乌鲁木齐的排名则下降了 3 位，西宁、鄂尔多斯的排名都上升了 1 位，而石家庄的排名则下降了 1 位。总体来讲，2022 年和 2023 年，前 5 名的城市基本保持不变。北京、上海、深圳等创新资源丰富的城市，在跨城市合作强度这一维度上均未进入前 5 位。徐州、泉州、温州、盐城和南通排名最末，其中，南通的排名下降最多，下降 9 位，徐州下降 3 位，其余城市均上升 1 位，这些城市一直是在跨城市合作强度这一指标上较为落后的城市。

表 5-13　2022—2023 年各城市跨城市合作强度排名与变化

城市	2023 年	2022 年	排名变化	城市	2023 年	2022 年	排名变化
西宁	1	2	1	石家庄	5	4	−1
鄂尔多斯	2	3	1	北京	6	5	−1
榆林	3	6	3	银川	7	7	0
乌鲁木齐	4	1	−3	大连	8	9	1

续表

城市	2023 年	2022 年	排名变化	城市	2023 年	2022 年	排名变化
天津	9	10	1	武汉	34	31	−3
漳州	10	8	−2	厦门	35	17	−18
呼和浩特	11	11	0	杭州	36	38	2
佛山	12	25	13	嘉兴	37	33	−4
兰州	13	13	0	昆明	38	28	−10
成都	14	12	−2	贵阳	39	44	5
沈阳	15	14	−1	潍坊	40	42	2
太原	16	20	4	襄阳	41	50	9
郑州	17	21	4	哈尔滨	42	52	10
西安	18	29	11	泰州	43	48	5
南宁	19	34	15	无锡	44	51	7
济南	20	19	−1	苏州	45	47	2
南京	21	15	−6	海口	46	22	−24
南昌	22	35	13	常州	47	46	−1
长沙	23	27	4	临沂	48	43	−5
唐山	24	24	0	扬州	49	41	−8
宁波	25	39	14	绍兴	50	49	−1
上海	26	18	−8	东莞	51	36	−15
青岛	27	30	3	深圳	52	54	2
重庆	28	40	12	长春	53	53	0
合肥	29	32	3	南通	54	45	−9
广州	30	26	−4	盐城	55	56	1
福州	31	37	6	温州	56	57	1
烟台	32	16	−16	泉州	57	58	1
洛阳	33	23	−10	徐州	58	55	−3

注：表中排名变化中正数为排名上升位数，负数为排名下降位数

　　表 5-14 展示了 2022—2023 年各城市创新领导力排名与变化。其中北京、上海、南京、武汉和西安排在前 5 位，且除了武汉和西安的排名发生置换，其余城市的排名不变。排名最后的 5 个城市分别是榆林、襄阳、唐山、漳州和泉州，其中漳州和唐山的排名都下降了 4 位。整体来看，这一指标较为稳定，排名上下浮动不超过 8 位，这说明城市创新领导力很难在短时间内发生较大的改变。

表 5-14 2022—2023 年各城市创新领导力排名与变化

城市	2023 年	2022 年	排名变化	城市	2023 年	2022 年	排名变化
北京	1	1	0	东莞	30	27	−3
上海	2	2	0	厦门	31	25	−6
南京	3	3	0	长春	32	26	−6
武汉	4	5	1	南通	33	35	2
西安	5	4	−1	福州	34	32	−2
成都	6	7	1	常州	35	30	−5
深圳	7	6	−1	乌鲁木齐	36	38	2
天津	8	10	2	潍坊	37	40	3
广州	9	8	−1	嘉兴	38	34	−4
杭州	10	9	−1	南宁	39	42	3
长沙	11	11	0	烟台	40	37	−3
重庆	12	13	1	洛阳	41	43	2
青岛	13	12	−1	西宁	42	44	2
苏州	14	14	0	贵阳	43	39	−4
郑州	15	16	1	海口	44	48	4
合肥	16	15	−1	绍兴	45	45	0
济南	17	21	4	呼和浩特	46	41	−5
无锡	18	17	−1	扬州	47	50	3
哈尔滨	19	22	3	银川	48	46	−2
大连	20	23	3	临沂	49	55	6
沈阳	21	18	−3	温州	50	47	−3
徐州	22	28	6	盐城	51	53	2
昆明	23	19	−4	鄂尔多斯	52	56	4
太原	24	24	0	泰州	53	49	−4
石家庄	25	20	−5	泉州	54	54	0
兰州	26	29	3	漳州	55	51	−4
宁波	27	33	6	唐山	56	52	−4
佛山	28	36	8	襄阳	57	57	0
南昌	29	31	2	榆林	58	58	0

注：表中排名变化中正数为排名上升位数，负数为排名下降位数

表 5-15 展示了 2022—2023 年各城市创新信息优势排名与变化。其中北京、上海、武汉、南京和广州排在前 5 位，且除了武汉的排名上升了 3 位，广州的排名上升了 2 位，其余城市的排名保持不变。排名最后的 5 个城市依次是唐山、榆林、鄂尔多斯、襄阳和

泰州,其中泰州的排名下降了7位,唐山的排名下降了4位,襄阳和鄂尔多斯的排名分别上升了1位和2位,榆林保持不变。

表 5-15　2022—2023 年各城市创新信息优势排名与变化

城市	2023 年	2022 年	排名变化	城市	2023 年	2022 年	排名变化
北京	1	1	0	长春	30	25	−5
上海	2	2	0	大连	31	39	8
武汉	3	6	3	南宁	32	36	4
南京	4	4	0	南昌	33	38	5
广州	5	7	2	嘉兴	34	32	−2
深圳	6	3	−3	烟台	35	37	2
西安	7	5	−2	常州	36	28	−8
杭州	8	8	0	福州	37	34	−3
长沙	9	10	1	贵阳	38	33	−5
成都	10	9	−1	石家庄	39	35	−4
青岛	11	12	1	海口	40	42	2
苏州	12	11	−1	绍兴	41	40	−1
天津	13	16	3	潍坊	42	41	−1
重庆	14	17	3	临沂	43	55	12
无锡	15	13	−2	扬州	44	46	2
郑州	16	15	−1	温州	45	44	−1
合肥	17	18	1	洛阳	46	50	4
徐州	18	21	3	乌鲁木齐	47	51	4
昆明	19	14	−5	西宁	48	49	1
佛山	20	23	3	漳州	49	45	−4
兰州	21	29	8	泉州	50	52	2
宁波	22	27	5	盐城	51	53	2
济南	23	31	8	银川	52	48	−4
太原	24	24	0	呼和浩特	53	43	−10
东莞	25	20	−5	泰州	54	47	−7
哈尔滨	26	26	0	襄阳	55	56	1
厦门	27	22	−5	鄂尔多斯	56	58	2
沈阳	28	19	−9	榆林	57	57	0
南通	29	30	1	唐山	58	54	−4

注:表中排名变化中正数为排名上升位数,负数为排名下降位数

第6章　科技创业的科技水平分析

6.1　总体概述

科技水平在一个城市的科技创业中扮演着至关重要的角色，提升科技水平能够提高企业和地区的创新能力，推动科技创业活动的发展。科技水平的提高还意味着城市具备更先进的技术和技术应用能力，能够更好地将科技成果转化为实际生产力。这有助于科技创业企业更好地应用先进技术，提高生产效率和产品质量。具有较高科技水平的城市还能吸引更多高素质人才，包括科研人员、工程师、技术专家等，为科技创业企业提供强大的人才支持。此外，科技水平的高低直接关系到城市在国际竞争中的地位。具备较高科技水平的城市能更好地融入全球科技创新体系，提高国际竞争力，吸引更多国际科技资源和投资。在本章中，我们使用三个指标来度量城市的科技水平，即基础支撑、科技投入和科技产出。

城市科技水平整体呈现以下特点。

第一，不同城市的科技水平得分差异较大，标准差为14.08。排名第1位的武汉的得分为64.80，而排名末位的乌鲁木齐的得分为9.40，仅为武汉的约1/7。排名前5位的城市中既有沿海地区的南京和深圳，也有中西部地区的武汉、西安和合肥。

第二，在3个细分指标上，南京在基础支撑方面表现最佳，紧随其后的是北京和武汉。苏州在科技投入方面表现最好，其次是武汉、深圳、西安和福州。深圳在科技产出方面排名最高，其次是北京、武汉、杭州和合肥。榆林的基础支撑、呼和浩特的科技投入和乌鲁木齐的科技产出分别排在末位。

第三，比较2023年和2022年的情况，58个城市中有56个城市的排名发生了变化，且有5个城市的排名变化在10位及以上。其中鄂尔多斯、南通、绍兴、沈阳和徐州的排名上升最多，而东莞、襄阳、太原、西宁和温州的排名下降最多。城市排名的密集变化表明各城市的科技水平打造是一个动态过程。

6.1.1　综合得分与排名

2023年武汉在科技创业的科技水平上排名第1位，南京和西安分别排名第2位和第3位，深圳和合肥分别排名第4位和第5位(图6-1)。进入前10位(第一梯队)的城市还有北京、杭州、苏州、南昌和沈阳。第二梯队的城市有成都、广州、济南、青岛、福州、长沙和厦门等城市。值得注意的是，上海的科技水平排名仅为第20位，甚至排在扬州和佛山之后。在这一指标上较为落后的城市包括乌鲁木齐、西宁、榆林、呼和浩特、漳州、临沂、盐城、泰州、银川和唐山等，并不局限在内陆城市。

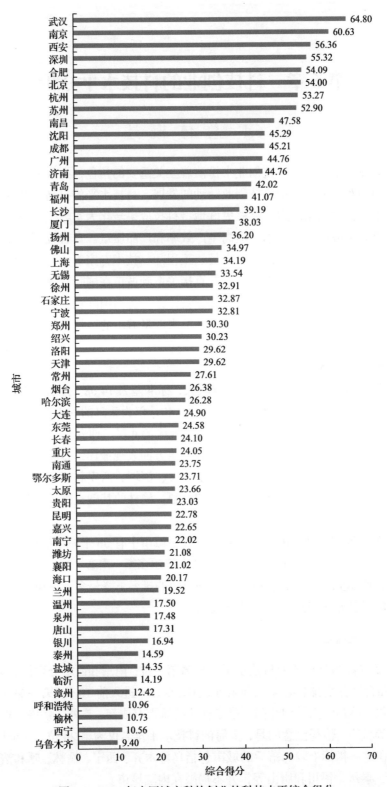

图 6-1 2023 年中国城市科技创业的科技水平综合得分

6.1.2　二级指标分析

从城市科技水平的细分指标表现来看，首先，在基础支撑方面，南京全国排名第 1 位，得分为 74.35，领先优势明显；北京紧随其后，排名第 2 位，得分为 63.85，与南京差距较大；排名前 5 位的城市还包括武汉、合肥和杭州。基础支撑排名高于科技水平排名的城市有 24 个，低于科技水平排名的城市有 32 个，其中扬州、深圳、徐州和鄂尔多斯的基础支撑排名比它们的科技水平排名分别低了 23 位、21 位、21 位和 20 位（表 6-1），体现出支撑科技发展的基础要素是这些城市的明显短板。政府增加在科技方面的支出、提高高校和科研院所的能力以及吸引更多的科技人才，有望显著提升这些城市的科技水平。

表 6-1　2023 年各城市科技创业的科技水平及细分指标的得分及排名情况

城市	科技水平		基础支撑		科技投入		科技产出	
	得分	排名	得分	排名	得分	排名	得分	排名
武汉	64.80	1	57.61	3	84.08	2	52.71	3
南京	60.63	2	74.35	1	62.83	9	44.70	6
西安	56.36	3	48.63	6	80.02	4	40.42	9
深圳	55.32	4	24.92	25	80.66	3	60.40	1
合肥	54.09	5	55.76	4	61.71	13	44.81	5
北京	54.00	6	63.85	2	39.03	28	59.13	2
杭州	53.27	7	48.90	5	60.33	15	50.56	4
苏州	52.90	8	25.17	24	90.86	1	42.67	8
南昌	47.58	9	44.18	8	62.23	11	36.31	16
沈阳	45.29	10	25.46	22	73.93	6	36.47	15
成都	45.21	11	36.03	14	60.55	14	39.05	10
广州	44.76	12	46.82	7	49.67	20	37.79	11
济南	44.76	13	36.16	13	64.78	8	33.34	19
青岛	42.02	14	27.08	20	61.83	12	37.14	13
福州	41.07	15	25.38	23	73.97	5	23.86	33
长沙	39.19	16	41.37	9	44.49	26	31.71	20
厦门	38.03	17	24.67	26	62.66	10	26.76	25
扬州	36.20	18	13.55	41	73.51	7	21.55	40
佛山	34.97	19	21.08	32	55.19	18	28.63	23
上海	34.19	20	31.51	15	27.99	40	43.08	7
无锡	33.54	21	18.50	35	48.28	22	33.83	18

续表

城市	科技水平		基础支撑		科技投入		科技产出	
	得分	排名	得分	排名	得分	排名	得分	排名
徐州	32.91	22	13.28	43	56.39	17	29.06	22
石家庄	32.87	23	16.05	38	48.64	21	33.92	17
宁波	32.81	24	19.67	33	47.91	23	30.86	21
郑州	30.30	25	40.68	10	32.93	34	17.29	45
绍兴	30.23	26	14.94	39	51.42	19	24.34	32
洛阳	29.62	27	14.19	40	58.09	16	16.58	48
天津	29.62	28	27.11	19	39.40	27	22.34	37
常州	27.61	29	18.99	34	38.88	29	24.98	28
烟台	26.38	30	16.92	37	45.15	25	17.08	47
哈尔滨	26.28	31	29.90	17	28.85	39	20.09	42
大连	24.90	32	26.30	21	25.40	42	22.99	36
东莞	24.58	33	9.03	49	27.42	41	37.29	12
长春	24.10	34	27.80	18	8.02	54	36.47	14
重庆	24.05	35	13.44	42	33.91	31	24.79	29
南通	23.75	36	13.26	44	33.47	33	24.52	30
鄂尔多斯	23.71	37	1.58	57	46.20	24	23.34	35
太原	23.66	38	40.07	11	8.88	53	22.01	39
贵阳	23.03	39	23.77	27	24.00	43	21.32	41
昆明	22.78	40	30.67	16	13.24	50	24.43	31
嘉兴	22.65	41	12.02	45	33.59	32	22.34	38
南宁	22.02	42	22.40	29	20.11	46	23.54	34
潍坊	21.08	43	9.75	48	34.38	30	19.11	43
襄阳	21.02	44	5.01	54	32.58	35	25.49	27
海口	20.17	45	22.97	28	9.64	52	27.91	24
兰州	19.52	46	38.48	12	5.64	55	14.45	50
温州	17.50	47	10.42	47	29.24	38	12.83	54
泉州	17.48	48	8.98	50	30.46	37	13.01	53
唐山	17.31	49	6.35	53	32.07	36	13.52	52
银川	16.94	50	17.98	36	19.00	48	13.85	51
泰州	14.59	51	6.45	52	19.95	47	17.37	44

续表

城市	科技水平		基础支撑		科技投入		科技产出	
	得分	排名	得分	排名	得分	排名	得分	排名
盐城	14.35	52	7.34	51	23.74	44	11.97	55
临沂	14.19	53	2.52	56	22.90	45	17.16	46
漳州	12.42	54	3.72	55	17.84	49	15.69	49
呼和浩特	10.96	55	22.02	30	0.00	58	10.86	56
榆林	10.73	56	1.19	58	5.39	56	25.60	26
西宁	10.56	57	11.32	46	10.40	51	9.97	57
乌鲁木齐	9.40	58	21.86	31	1.11	57	5.22	58
权重	100		33.3		33.3		33.3	

其次，在科技投入方面，表现最好的 5 个城市是苏州、武汉、深圳、西安和福州，得分分别为 90.86、84.08、80.66、80.02 和 73.97，彼此之间的差距较小。科技投入排名高于和低于科技水平排名的城市数量是 32 个和 24 个。值得注意的是，北京、上海和长春的科技投入排名分别比它们的科技水平排名要低 22 位、20 位和 20 位，其余城市的科技投入排名与科技水平排名的差距均不超过 15 位。唐山、潍坊、鄂尔多斯、泉州、洛阳和扬州的科技投入排名则比它们的科技水平排名高出 10 位以上。

最后，在科技产出方面，深圳、北京、武汉、杭州和合肥是排名最高的 5 个城市，但它们的得分分别只有 60.40、59.13、52.71、50.56 和 44.81，这意味着这些排名较高的城市在发明专利、工业产值和技术收入这三个维度上存在一些短板，而非在三个维度上都排名靠前。科技产出排名高于科技水平排名的城市有 25 个，低于科技水平排名的城市有 27 个，其中扬州、洛阳和郑州的科技产出排名比它们的科技水平排名分别低了 22 位、21 位和 20 位，表现出明显的短板。榆林、海口和东莞的科技产出排名则均比它们自身的科技水平排名高出了 20 位以上，说明这些城市在科技产出方面相对于在基础支撑和科技投入方面有着更好的表现。

从排名靠后的城市来看，乌鲁木齐的科技水平、榆林的基础支撑、呼和浩特的科技投入和乌鲁木齐的科技产出排在全国主要城市末位。从各指标得分来看，基础支撑和科技产出的相对差距最小，标准差分别为 16.14 和 12.23；科技投入的相对差距最大，标准差为 23.81。

6.1.3　排名变化

从排名变化情况看，如表 6-2 所示，与 2022 年相比，2023 年科技水平排名上升的城市有 23 个，其中鄂尔多斯、南通、绍兴、沈阳、徐州、南昌和银川的排名上升最多，分别上升了 15 位、11 位、10 位、7 位、7 位、6 位和 6 位。2023 年排名下降的城市有 33 个，其中东莞、襄阳、太原、西宁和温州的排名下降最多，分别下降了 21 位、11 位、7

位、6 位和 6 位。除此之外，乌鲁木齐、榆林和呼和浩特的科技水平近年来一直排名落后，需要在基础支撑建设、科技投入和科技产出方面发力，以实现突破。

表 6-2 2022—2023 年各城市科技创业的科技水平的排名与变化

城市	2023 年	2022 年	变化	城市	2023 年	2022 年	变化
武汉	1	4	3	烟台	30	30	0
南京	2	1	−1	哈尔滨	31	32	1
西安	3	5	2	大连	32	34	2
深圳	4	3	−1	东莞	33	12	−21
合肥	5	2	−3	长春	34	35	1
北京	6	7	1	重庆	35	39	4
杭州	7	6	−1	南通	36	47	11
苏州	8	8	0	鄂尔多斯	37	52	15
南昌	9	15	6	太原	38	31	−7
沈阳	10	17	7	贵阳	39	37	−2
成都	11	10	−1	昆明	40	43	3
广州	12	9	−3	嘉兴	41	45	4
济南	13	11	−2	南宁	42	38	−4
青岛	14	19	5	潍坊	43	40	−3
福州	15	14	−1	襄阳	44	33	−11
长沙	16	13	−3	海口	45	44	−1
厦门	17	16	−1	兰州	46	42	−4
扬州	18	23	5	温州	47	41	−6
佛山	19	24	5	泉州	48	46	−2
上海	20	18	−2	唐山	49	48	−1
无锡	21	22	1	银川	50	56	6
徐州	22	29	7	泰州	51	55	4
石家庄	23	21	−2	盐城	52	50	−2
宁波	24	20	−4	临沂	53	49	−4
郑州	25	27	2	漳州	54	53	−1
绍兴	26	36	10	呼和浩特	55	54	−1
洛阳	27	26	−1	榆林	56	58	2
天津	28	25	−3	西宁	57	51	−6
常州	29	28	−1	乌鲁木齐	58	57	−1

6.2　领　先　地　区

6.2.1　武汉

2023 年武汉科技水平排全国第 1 位，较 2022 年提升 3 位。与经济指标相比，武汉的科技水平排名更高。分指标来看，武汉的基础支撑排名第 3 位，与 2022 年持平；科技投入排名第 2 位，较 2022 年提高 4 位；科技产出排名第 3 位，较 2022 年提升 1 位。三个指标中武汉在科技投入方面的得分最高，为 84.08，在这一方面的排名也最高（图 6-2）。

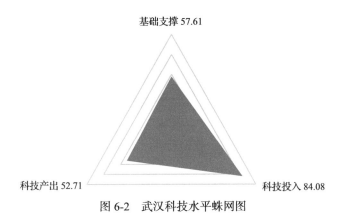

图 6-2　武汉科技水平蛛网图

武汉 2023 年在科技水平上排名领先，特别是在科技投入这一指标上表现亮眼，高新区内高新技术企业研发经费支出占营业收入的比重为 2.68%、排名第 7 位，高新区内高新技术企业每万人研发人员全时当量数为 14.76、排名第 2 位。武汉东湖新技术开发区又称中国光谷，于 1988 年创建成立，是中国首批国家级高新区、第二个国家自主创新示范区、中国（湖北）自由贸易试验区武汉片区，集聚了武汉大学、华中科技大学等 42 所高等院校、56 个国家及省部级科研院所、30 多万专业技术人员和 80 多万在校大学生。

"十三五"期间武汉新增产业创新中心 1 个、制造业创新中心 2 个、国家研究中心 1 个、国家重点（工程）实验室 1 家、国家企业技术中心 12 家，涌现出 9 纳米光刻试验样机、中国首款 128 层三维闪存芯片、中国首条 5G 智能制造生产线、中国首台高精度量子重力仪等一批重大自主创新成果。2020 年，全市规模以上高新技术产业增加值达到 4032.12 亿元，比 2015 年增长 84.53%，并在"自然指数-科研城市"排名中位列全国第 4、全球第 13。在科技转化方面，武汉在全国率先成立科技成果转化局，建成中国高校（华中）科技成果转化中心、中科院科技成果在汉转化服务中心、湖北技术交易大市场等。在高新技术企业的技术收入这一维度上，武汉位列 2023 年全国第 1 位。

2021 年武汉市人民政府印发了《武汉国家新一代人工智能创新发展试验区建设若干政策》《市人民政府关于加快区块链技术和产业创新发展的意见》等一系列支持科技创新的政策，正积极以打造国家科技创新中心为目标，加快创建湖北东湖综合性国家科学中心，大力打造产业创新、创新人才集聚、科技成果转化"三大高地"。

6.2.2 南京

南京科技水平 2023 年排全国第 2 位，较 2022 年下降 1 位。与经济指标相比，南京的科技水平排名相对更高。分指标来看，南京的基础支撑排名第 1 位，与 2022 年持平；科技投入排名第 9 位，较 2022 年下降 4 位；科技产出排名第 6 位，较 2022 年提升 2 位。3 个指标中南京在基础支撑方面的得分最高，为 74.35(图 6-3)。

图 6-3　南京科技水平蛛网图

与武汉的情况相似，南京在 2021 年有 53 所高等院校、120 多个国家级研发平台，人才总量和密度居全国前列，创新建设成果丰硕。2021 年，科技部批复支持南京市建设引领性国家创新型城市，其间，紫金山实验室纳入国家战略科技力量体系、6G 技术创全球太赫兹无线通信最高实时传输纪录、国家第三代半导体技术创新中心(南京)平台启动建设。2023 年南京的科技水平位列全国第 2，在基础支撑这一指标上的表现尤为突出，其中每万人高校科研院所科研人员发明专利数为 18.18 件、位列全国第 1，每万人科技论文数量为 55.52 篇，位列全国第 2。

"十三五"以来，南京积极建设有全球影响力的创新名城，科技创新能力跻身全国前列。在科技部公布的《国家创新型城市创新能力监测报告 2020》中，南京创新能力位列全国第 4；"着力打造集聚创新资源'强磁场'"经验做法受到国务院通报表扬，并由此形成了国家创新型城市建设的"南京经验"。2020 年，南京高新技术产业产值占全市规模以上工业总产值的比重达 53.4%，形成 1 个五千亿和 4 个千亿级新兴产业集群。实施专精特新、"单项冠军"等企业培育计划，高新技术企业总数从 2015 年的 1274 家增至 2020 年的 6507 家。

2021 年，南京获批建设全国首个引领性国家创新型城市，预计到 2025 年将建成具有国际影响力的科技创新中心和区域创新高地，整体创新能力进入全球创新城市前列。2022 年 1 月，中共南京市委、南京市人民政府印发《关于深入推进引领性国家创新型城市建设的若干政策意见》，明确提出了 6 个方面的 21 条措施，在全面评估、集成梳理近年创新政策文件基础上，进一步聚焦重点、精准施策，加快建设引领性国家创新型城市，争创国家区域科技创新中心和综合性国家科学中心。

6.2.3　西安

2023 年科技水平排名全国第 3 位的城市是西安，较 2022 年提升 2 位。与经济指标相比，西安的科技水平排名更高。其中，西安在科技投入方面的表现最好，排名第 4 位，得分也最高，为 80.02（图 6-4），但这个排名相较 2022 年跌落了 2 位。

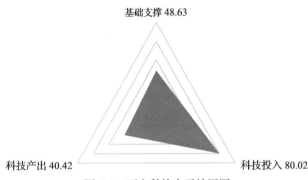

图 6-4　西安科技水平蛛网图

作为西部地区的重要城市之一，西安虽然在地区生产总值和人均地区生产总值等经济指标上相对落后，但其科技水平在 2023 年中国主要城市中排名第 3 位。其中高新技术企业研发经费支出占营业收入的比重为 4.31%，全国排名第 2 位；每万人高校科研院所科研人员发明专利数为 11.43 件，全国排名第 3 位；每万人科技论文数量为 28.7 篇，全国排名第 4 位；高新技术企业技术收入占营业收入的比重为 22.93%，全国排名第 4 位。

"十三五"期间西安科创重器平台加速布局，形成了以国家重点实验室、工程技术研究中心、企业技术中心、领域技术创新中心等为主体的科技创新平台体系，其中，省级以上重点实验室 164 家、工程技术研究中心 154 家、企业技术中心 237 家。西安还积极参与国家战略科技力量布局，推进高精度地基授时系统、国家分子医学转化科学中心等重大科技基础设施建设，筹建国家超算（西安）中心，建设西部科技创新港。2022 年西安全社会研发投入强度 5.18%，居副省级城市第 2；国家高新技术企业连续 5 年保持 35%以上增速，2022 年总数达 10 431 家，居副省级城市第 6；科技型中小企业同比增长 35%以上，2022 年总数达到 12 263 家，居副省级城市第 4；技术合同成交额连续 5 年保持高速增长，2022 年达到 2881 亿元，居副省级城市第 1。

面向未来，西安将"围绕构建与新时代推进西部大开发形成新格局相适应的科技创新体系，以构筑'一总两带'秦创原创新驱动平台建设总格局为基石，以全面创新改革试验区建设为牵引，聚焦建设具有国际竞争力的丝路科创中心目标，突出'围绕产业链部署创新链，围绕创新链布局产业链'这条主线，紧紧把握'推动科技创新资源开放共享、产业创新效能系统发展提升'两个着力点，实施创新策源地建设、关键核心技术攻关、科技型企业群体倍增、人才创新创业活力提升、高质量园区基地建设、区域创新发展协同、高水平科创合作圈、一流创新创业生态培育等八大计划"[①]，支撑西安建设国家

———————————
① 《西安市"十四五"科技创新发展规划》，http://xakj.xa.gov.cn/zwgk/ghjh/zcqfzjh/620c9d1ff8fd1c0bdc807d95.html，2022-01-05。

中心城市和国际化大都市。

6.2.4　其他城市

2023年科技水平领先的城市还包括深圳和合肥。深圳在科技投入和科技产出方面的排名分别是第3位和第1位，但在基础支撑方面只排在第25位，得分为24.92(图6-5)，并且在2022年也只排第27位。这反映出支撑科技发展的基础要素是目前制约深圳科技水平的主要因素。通过进一步分析深圳在政府支持、科研产出、基础研究和科技人才4个维度的表现，我们发现深圳的短板主要在科技人才(以每万人本专科在校人数衡量)、科研产出(以每万人高校科研院所科研人员发明专利数衡量)和基础研究(以每万人科技论文数量衡量)方面，全国排名分别为第58位、第26位和第17位。其中原因可能是相较于北京、上海、武汉或南京等城市，深圳的大学和科研院所数量相对较少。

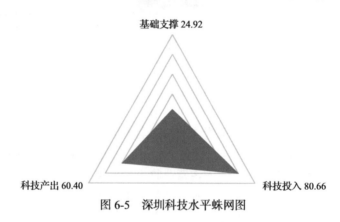

图6-5　深圳科技水平蛛网图

合肥的科技水平在全国主要城市中排名第5位，较2022年下降3位。对比合肥2021年在经济指标上的排名(地区生产总值排名第19位，人均地区生产总值排名第34位)，合肥在科技水平方面表现更好，此外，其在基础支撑、科技投入和科技产出三个方面的得分较为均衡(图6-6)，排名分别为第4位、第13位和第5位，没有明显短板，但排名都较2022年略有下降。

图6-6　合肥科技水平蛛网图

6.3　重　点　区　域

6.3.1　京津冀地区

本节仅对北京、石家庄、天津和唐山进行了分析(表 6-3)。其中，北京 2023 年的科技水平排名第 6 位，其基础支撑和科技产出的排名都是全国第 2 位，但科技投入的排名为第 28 位。此外，石家庄、天津和唐山的科技水平排名分别是第 23 位、第 28 位和第 49 位。在基础支撑方面，石家庄和唐山的指标值低于全国均值和地区均值；在科技投入方面，北京、天津和唐山的指标值均低于全国均值和地区均值；在科技产出方面，天津和唐山的指标值低于全国均值和地区均值。

表 6-3　京津冀地区城市科技水平和各维度的指标值及排名

城市	科技水平	基础支撑	科技投入	科技产出
全国均值	30.76	24.47	40.26	27.56
地区均值	33.45	28.34	39.79	32.23
北京	54.00(6)	63.85(2)	39.03(28)	59.13(2)
石家庄	32.87(23)	16.05(38)	48.64(21)	33.92(17)
天津	29.62(28)	27.11(19)	39.40(27)	22.34(37)
唐山	17.31(49)	6.35(53)	32.07(36)	13.52(52)

注：表中括号内的数据为 2023 年在样本城市中的排名

6.3.2　长三角地区

长三角地区有 16 个城市纳入本次评价(表 6-4)。整体来看，长三角地区的科技水平、科技投入和科技产出的平均水平均高于全国平均水平。南京、合肥、杭州和苏州的科技水平均排名全国前 10 位，南京更是排在第 2 位，仅次于武汉。科技水平排名前 30 位的长三角地区城市还包括扬州、上海、无锡、徐州、宁波、绍兴和常州，排名较落后的长三角地区城市有温州、泰州和盐城，分别排名第 47 位、第 51 位和第 52 位。在 16 个城市中，扬州、无锡、徐州、绍兴、南通、嘉兴和泰州的排名相较 2022 年有所上升。

表 6-4　长三角地区城市科技水平和各维度的指标值及排名

城市	科技水平	基础支撑	科技投入	科技产出
全国均值	30.76	24.47	40.26	27.56
地区均值	33.83	24.01	47.51	29.97
南京	60.63(2)	74.35(1)	62.83(9)	44.70(6)
合肥	54.09(5)	55.76(4)	61.71(13)	44.81(5)
杭州	53.27(7)	48.90(5)	60.33(15)	50.56(4)

续表

城市	科技水平	基础支撑	科技投入	科技产出
苏州	52.90(8)	25.17(24)	90.86(1)	42.67(8)
扬州	36.20(18)	13.55(41)	73.51(7)	21.55(40)
上海	34.19(20)	31.51(15)	27.99(40)	43.08(7)
无锡	33.54(21)	18.50(35)	48.28(22)	33.83(18)
徐州	32.91(22)	13.28(43)	56.39(17)	29.06(22)
宁波	32.81(24)	19.67(33)	47.91(23)	30.86(21)
绍兴	30.23(26)	14.94(39)	51.42(19)	24.34(32)
常州	27.61(29)	18.99(34)	38.88(29)	24.98(28)
南通	23.75(36)	13.26(44)	33.47(33)	24.52(30)
嘉兴	22.65(41)	12.02(45)	33.59(32)	22.34(38)
温州	17.50(47)	10.42(47)	29.24(38)	12.83(54)
泰州	14.59(51)	6.45(52)	19.95(47)	17.37(44)
盐城	14.35(52)	7.34(51)	23.74(44)	11.97(55)

注：表中括号内的数据为2023年在样本城市中的排名

从二级指标来看，基础支撑方面，南京、合肥、杭州、上海和苏州这5个城市的指标值高于全国均值；在科技投入方面，苏州、扬州、南京等9个城市的指标值高于全国均值；在科技产出方面，杭州、合肥和南京等8个城市的指标值高于全国均值。综合来看，长三角地区的城市在科技投入方面普遍做得比较好，而在基础支撑方面有待提高。

6.3.3　粤港澳大湾区

粤港澳大湾区有4个城市纳入评价(表6-5)，分别为深圳、广州、佛山和东莞。整体来看，粤港澳大湾区的科技水平地区均值高于全国均值；3个细分指标的地区均值也均高于全国均值。其中，科技投入地区均值最高，达到53.24；基础支撑地区均值最低，为25.46。从各城市的指标值来看，2023年深圳的科技水平位列全国第4，广州位列第12，佛山位列第19，东莞位列第33。深圳和广州的主要短板分别在于基础支撑和科技投入。此外，深圳和广州的排名与2022年类似，佛山的排名较2022年上升了5位，然而东莞是所有城市中排名下降最多的城市，下降了21位。东莞排名的下降主要在于科技投入这一指标，排名从2022年的第7位下降到了第41位，因此需要增加在企业研发方面的投入来提升科技水平。

表6-5　粤港澳大湾区城市科技水平和各维度的指标值及排名

城市	科技水平	基础支撑	科技投入	科技产出
全国均值	30.76	24.47	40.26	27.56
地区均值	39.91	25.46	53.24	41.03
深圳	55.32(4)	24.92(25)	80.66(3)	60.40(1)

续表

城市	科技水平	基础支撑	科技投入	科技产出
广州	44.76(12)	46.82(7)	49.67(20)	37.79(11)
佛山	34.97(19)	21.08(32)	55.19(18)	28.63(23)
东莞	24.58(33)	9.03(49)	27.42(41)	37.29(12)

注：表中括号内的数据为 2023 年在样本城市中的排名

6.4　关键指标分析

表 6-6 展示了各城市在政府支持这一维度上的排名和变化，其中合肥、佛山和苏州是 2023 年排名前 3 位的城市，并且它们的排名与 2022 年的排名相同，意味着这些城市的政府持续对科技发展投入较高比例的财政资源。武汉和成都的排名相对 2022 年分别提升了 4 位和 7 位，2023 年排名第 4 位和第 5 位。值得注意的是，哈尔滨、石家庄和重庆这 3 个较大城市的政府科技支出占政府财政支出的比重比较低，分别排在了第 53 位、第 50 位和第 45 位。排名上升较多的城市有西安、郑州、成都、洛阳和常州，分别提升了 19 位、7 位、7 位、7 位和 7 位。排名下降幅度较大的城市有襄阳、东莞、福州、大连和贵阳，分别下降了 17 位、8 位、8 位、5 位和 5 位。对于希望提高科技水平排名的城市，政府和企业可以从加大政府支持力度、增加研发投入和研发人员数量入手。

表 6-6　2022—2023 年各城市政府支持指标值、排名与变化

城市	指标值		排名与变化		
	2023 年	2022 年	2023 年	2022 年	变化
合肥	14.23	14.03	1	1	0
佛山	9.48	10.13	2	2	0
苏州	9.17	9.56	3	3	0
武汉	8.58	6.34	4	8	4
成都	8.37	5.08	5	12	7
深圳	8.36	8.06	6	4	−2
杭州	7.51	6.97	7	6	−1
宁波	6.75	6.46	8	7	−1
广州	6.66	7.59	9	5	−4
北京	6.24	5.78	10	9	−1
南京	5.96	5.75	11	10	−1
太原	5.47	5.38	12	11	−1
南昌	5.27	4.44	13	17	4
郑州	5.18	4.02	14	21	7

续表

城市	指标值		排名与变化		
	2023 年	2022 年	2023 年	2022 年	变化
洛阳	5.15	3.94	15	22	7
上海	5.01	5.01	16	13	−3
绍兴	4.98	4.60	17	15	−2
嘉兴	4.90	4.78	18	14	−4
厦门	4.77	4.22	19	18	−1
无锡	4.75	4.03	20	20	0
南通	4.49	3.80	21	23	2
长沙	4.46	3.69	22	26	4
常州	4.39	3.01	23	30	7
福州	4.26	4.55	24	16	−8
西安	3.89	1.73	25	44	19
烟台	3.89	3.54	26	27	1
东莞	3.72	4.07	27	19	−8
天津	3.30	3.75	28	25	−3
贵阳	3.20	3.79	29	24	−5
济南	3.19	3.08	30	28	−2
温州	3.06	2.70	31	34	3
青岛	3.01	2.96	32	31	−1
泉州	2.73	2.51	33	35	2
银川	2.67	1.94	34	39	5
潍坊	2.63	2.83	35	32	−3
盐城	2.59	2.75	36	33	−3
徐州	2.50	2.24	37	37	0
泰州	2.38	1.84	38	42	4
沈阳	2.27	2.10	39	38	−1
乌鲁木齐	2.25	1.81	40	43	3
大连	2.17	2.30	41	36	−5
扬州	2.15	1.87	42	41	−1
昆明	2.01	1.93	43	40	−3
长春	1.95	1.71	44	45	1
重庆	1.92	1.69	45	46	1
襄阳	1.89	3.06	46	29	−17

续表

城市	指标值		排名与变化		
	2023 年	2022 年	2023 年	2022 年	变化
南宁	1.76	1.61	47	47	0
唐山	1.46	1.33	48	50	2
兰州	1.33	1.56	49	48	−1
石家庄	1.33	1.34	50	49	−1
临沂	1.15	1.08	51	52	1
鄂尔多斯	1.12	1.07	52	53	1
哈尔滨	0.98	1.09	53	51	−2
海口	0.83	0.83	54	56	2
漳州	0.81	0.83	55	55	0
呼和浩特	0.74	1.03	56	54	−2
西宁	0.68	0.70	57	57	0
榆林	0.63	0.54	58	58	0

　　在研发投入方面,排名前 5 位的城市有深圳、西安、苏州、扬州和福州,其中扬州的排名提升明显,较 2022 年上升了 11 位(表 6-7)。排名上升较快的城市还有鄂尔多斯、沈阳和南通,分别上升了 21 位、20 位和 20 位;绍兴、泰州、扬州和佛山的排名也上升了 10 位以上。除了呼和浩特、乌鲁木齐和榆林等内陆城市,长春、哈尔滨、东莞和大连等城市在这一指标上的排名也较靠后。北京和上海的研发投入指标值也较低,在全国主要城市中仅排名第 34 位和第 37 位。东莞、合肥、襄阳和长沙在这一指标上的排名下降明显,分别下降了 37 位、19 位、18 位和 18 位。

表 6-7　2022—2023 年各城市研发投入指标值、排名与变化

城市	指标值		排名与变化		
	2023 年	2022 年	2023 年	2022 年	变化
深圳	4.75	5.15	1	1	0
西安	3.99	4.31	2	2	0
苏州	3.90	3.27	3	4	1
扬州	3.69	2.68	4	15	11
福州	3.35	3.06	5	6	1
沈阳	3.32	1.90	6	26	20
武汉	3.29	2.68	7	14	7
石家庄	3.00	2.63	8	17	9
绍兴	3.00	2.04	9	23	14

续表

城市	指标值		排名与变化		
	2023 年	2022 年	2023 年	2022 年	变化
烟台	2.93	3.00	10	9	−1
成都	2.82	2.85	11	11	0
杭州	2.80	3.16	12	5	−7
厦门	2.79	2.65	13	16	3
佛山	2.76	1.90	14	25	11
青岛	2.76	2.48	15	18	3
南京	2.74	3.01	16	7	−9
洛阳	2.73	2.69	17	13	−4
广州	2.65	2.71	18	12	−6
济南	2.60	2.24	19	20	1
南昌	2.31	1.85	20	27	7
鄂尔多斯	2.31	1.18	21	42	21
合肥	2.25	3.76	22	3	−19
宁波	2.24	2.44	23	19	−4
无锡	2.23	2.03	24	24	0
徐州	2.17	1.62	25	33	8
长沙	2.09	3.00	26	8	−18
嘉兴	1.85	1.58	27	37	10
南通	1.84	0.82	28	48	20
温州	1.83	2.14	29	21	−8
常州	1.81	1.58	30	35	5
重庆	1.81	1.78	31	30	−1
潍坊	1.76	1.60	32	34	2
泉州	1.74	1.82	33	28	−5
北京	1.73	1.58	34	36	2
唐山	1.70	1.74	35	31	−4
天津	1.61	1.41	36	39	3
上海	1.54	1.81	37	29	−8
泰州	1.45	0.62	38	51	13
郑州	1.43	1.07	39	43	4
襄阳	1.38	2.08	40	22	−18
贵阳	1.37	1.24	41	40	−1

续表

城市	指标值		排名与变化		
	2023 年	2022 年	2023 年	2022 年	变化
临沂	1.35	1.71	42	32	−10
南宁	1.21	1.05	43	45	2
盐城	1.20	1.07	44	44	0
银川	1.13	0.52	45	55	10
大连	1.13	1.23	46	41	−5
东莞	1.10	2.97	47	10	−37
漳州	1.10	1.42	48	38	−10
哈尔滨	0.75	0.94	49	46	−3
昆明	0.61	0.55	50	52	2
太原	0.45	0.54	51	53	2
海口	0.41	0.53	52	54	2
西宁	0.41	0.88	53	47	−6
兰州	0.39	0.43	54	56	2
长春	0.33	0.68	55	50	−5
榆林	0.24	0.31	56	57	1
乌鲁木齐	0.13	0.09	57	58	1
呼和浩特	0.09	0.82	58	49	−9

研发投入反映了企业在科技研发领域的经费投入水平，而研发人员的数量则反映了企业的科技人才储备和科研实力。在研发人员这一指标上，排名靠前的城市有苏州、武汉、沈阳、福州和合肥（表 6-8）。北京和上海在这一指标上的表现仍不突出，只排在第 26 位和第 41 位。与研发投入的情况相似，鄂尔多斯和沈阳在研发人员指标上的排名提升非常明显，较 2022 年分别提升了 24 位和 18 位。东莞、温州、深圳和上海的排名下降幅度较大，分别下降 25 位、12 位、12 位和 11 位。

表 6-8　2022—2023 年各城市研发人员指标值、排名与变化

城市	指标值		排名与变化		
	2023 年	2022 年	2023 年	2022 年	变化
苏州	16.48	16.42	1	1	0
武汉	16.39	14.76	2	5	3
沈阳	12.99	9.69	3	21	18
福州	12.88	13.01	4	8	4

续表

城市	指标值		排名与变化		
	2023 年	2022 年	2023 年	2022 年	变化
合肥	12.73	15.04	5	3	−2
南昌	12.67	10.66	6	15	9
西安	12.62	15.11	7	2	−5
济南	12.51	12.94	8	9	1
扬州	11.52	10.92	9	14	5
南京	11.38	14.28	10	6	−4
徐州	11.28	10.39	11	17	6
厦门	11.13	12.54	12	11	−1
青岛	10.99	7.66	13	25	12
杭州	10.36	11.94	14	12	−2
成都	10.33	12.71	15	10	−5
深圳	10.15	14.86	16	4	−12
洛阳	9.85	10.62	17	16	−1
佛山	8.80	7.73	18	24	6
无锡	8.42	9.87	19	19	0
宁波	8.24	11.07	20	13	−7
天津	7.68	6.92	21	26	5
长沙	7.65	9.95	22	18	−4
鄂尔多斯	7.45	3.31	23	47	24
广州	7.39	9.71	24	20	−4
哈尔滨	7.25	5.77	25	33	8
北京	7.15	6.80	26	28	2
常州	6.79	6.56	27	29	2
绍兴	6.74	5.65	28	35	7
襄阳	6.27	8.53	29	22	−7
郑州	6.20	5.34	30	37	7
石家庄	5.82	7.95	31	23	−8
东莞	5.54	13.79	32	7	−25
潍坊	5.49	6.89	33	27	−6
重庆	5.18	5.61	34	36	2
唐山	4.95	4.22	35	41	6
嘉兴	4.95	5.01	36	39	3

续表

城市	指标值		排名与变化		
	2023 年	2022 年	2023 年	2022 年	变化
南通	4.94	4.55	37	40	3
烟台	4.94	5.28	38	38	0
大连	4.80	5.68	39	34	−5
泉州	4.29	5.95	40	32	−8
上海	4.19	6.18	41	30	−11
盐城	3.98	3.83	42	43	1
温州	3.56	6.11	43	31	−12
贵阳	3.48	3.87	44	42	−2
临沂	3.19	3.64	45	46	1
南宁	2.78	3.16	46	48	2
银川	2.69	0.73	47	57	10
昆明	2.64	2.60	48	52	4
西宁	2.41	3.10	49	49	0
漳州	2.41	3.81	50	44	−6
海口	2.15	2.80	51	50	−1
长春	1.91	2.66	52	51	−1
泰州	1.89	2.32	53	53	0
太原	1.78	3.77	54	45	−9
榆林	1.35	1.23	55	55	0
兰州	0.92	1.58	56	54	−2
乌鲁木齐	0.35	0.17	57	58	1
呼和浩特	0.12	0.85	58	56	−2

第7章 科技创业的环境与平台分析

7.1 总体概述

科技创业的环境与平台是决定一个城市科技创业水平的关键因素之一。这一生态因素在很大程度上塑造着创业者的成功路径，在提供市场机会、连接人才和专业网络、促进融资以及提供先进基础设施和技术支持等方面发挥着作用。城市中的科技创业平台充当着创新的催化剂，助力创业者更好地理解市场、建立关键人际关系，并在竞争激烈的创业领域中取得成功。因此，充分利用和了解城市科技创业的环境与平台，对于创业者来说具有重要战略意义。本章我们将使用营商环境和配套设施两类指标评估各个城市为科技创业提供的环境与平台。

7.1.1 综合得分与排名

2023 年，科技创业的环境与平台综合得分排名第 1 位的城市是上海，综合得分为 80.22，其次是北京和南京，综合得分分别为 77.59 和 70.34。除此之外，进入前 10 位的城市还有杭州、深圳、广州、苏州、无锡、济南和南通(图 7-1)。总体而言，在该指标上排名靠前的城市主要来自长三角地区和珠三角地区，以及北京等经济相对发达的城市，排名前 20 位的城市中，长三角地区占 13 席。

7.1.2 二级指标分析

部分城市环境与平台的二级指标得分排名与综合排名有一定差别(表 7-1)。在营商环境方面，北京以 93.00 排名第一，环境与平台排名第一的上海则以 79.32 位列第二，与北京的得分差距较大。位居前十的城市还包括深圳、广州、东莞、佛山、南京、苏州、杭州和常州。可以发现，珠三角地区的城市在营商环境这一指标上表现出色，包揽了排名的第 3 位至第 6 位。营商环境排名高于环境与平台综合排名的城市有 27 个，低于环境与平台综合排名的城市有 28 个。其中，长春、沈阳和太原的营商环境排名相较于各自的环境与平台综合排名分别低了 23 位、23 位和 22 位，说明这些城市的营商环境相对处于劣势，且严重影响了自身在环境与平台方面对科技创业者的吸引力。政府目前的主要任务应是通过加强对知识产权的保护或引入大量金融投资尽快改善这些城市的营商环境。

在配套设施方面，上海以 81.13 的得分排名第一，紧接着是南京，得分为 72.99，排名第三的是沈阳，得分为 67.06。在此之后排名前十的城市有杭州、长春、太原、北京、济南、哈尔滨和大连。配套设施排名高于和低于环境与平台综合排名的城市均有 27 个，其中佛山和东莞的配套设施排名分别比它们的环境与平台综合排名低了 36 位和 33 位，徐州、宁波、常州和广州的配套设施排名也低了 20 位以上，这说明这些城市的配套设施仍

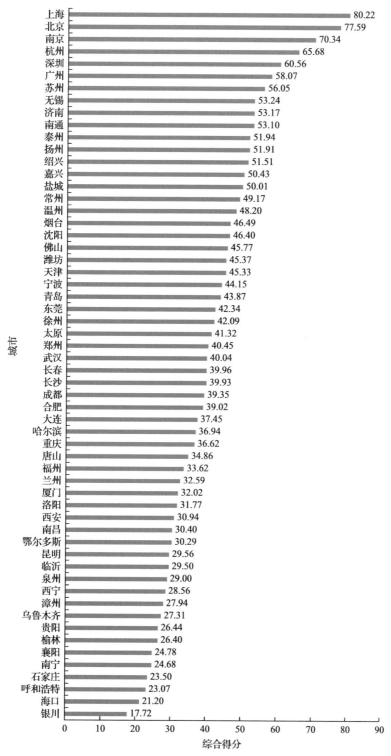

图 7-1　2023 年中国城市科技创业的环境与平台综合得分

表 7-1　2023 年各城市科技创业的环境与平台及其二级指标得分和排名情况

城市	环境与平台		营商环境		配套设施	
	得分	排名	得分	排名	得分	排名
上海	80.22	1	79.32	2	81.13	1
北京	77.59	2	93.00	1	62.18	7
南京	70.34	3	67.70	7	72.99	2
杭州	65.68	4	66.53	9	64.83	4
深圳	60.56	5	78.49	3	42.63	24
广州	58.07	6	76.35	4	39.79	29
苏州	56.05	7	66.81	8	45.28	18
无锡	53.24	8	65.50	11	40.98	27
济南	53.17	9	47.21	21	59.13	8
南通	53.10	10	63.02	12	43.17	22
泰州	51.94	11	62.80	14	41.08	25
扬州	51.91	12	62.83	13	41.00	26
绍兴	51.51	13	60.25	20	42.77	23
嘉兴	50.43	14	61.15	16	39.71	31
盐城	50.01	15	60.59	19	39.44	32
常州	49.17	16	65.55	10	32.79	39
温州	48.20	17	61.34	15	35.06	36
烟台	46.49	18	44.12	24	48.85	11
沈阳	46.40	19	25.73	42	67.06	3
佛山	45.77	20	73.68	6	17.85	56
潍坊	45.37	21	43.25	25	47.50	14
天津	45.33	22	46.00	23	44.65	19
宁波	44.15	23	61.14	17	27.17	48
青岛	43.87	24	47.18	22	40.56	28
东莞	42.34	25	73.96	5	10.73	58
徐州	42.09	26	60.91	18	23.28	51
太原	41.32	27	18.80	49	63.84	6
郑州	40.45	28	37.15	33	43.75	20
武汉	40.04	29	33.64	36	46.45	16
长春	39.96	30	15.88	53	64.04	5
长沙	39.93	31	36.42	35	43.45	21
成都	39.35	32	40.32	28	38.37	34

续表

城市	环境与平台		营商环境		配套设施	
	得分	排名	得分	排名	得分	排名
合肥	39.02	33	39.29	31	38.75	33
大连	37.45	34	25.52	43	49.39	10
哈尔滨	36.94	35	16.32	52	57.57	9
重庆	36.62	36	40.01	29	33.23	38
唐山	34.86	37	23.15	45	46.56	15
福州	33.62	38	39.93	30	27.31	47
兰州	32.59	39	16.35	51	48.83	12
厦门	32.02	40	43.11	26	20.93	52
洛阳	31.77	41	32.14	37	31.40	42
西安	30.94	42	31.79	38	30.09	45
南昌	30.40	43	30.14	39	30.65	43
鄂尔多斯	30.29	44	11.92	55	48.65	13
昆明	29.56	45	19.35	47	39.77	30
临沂	29.50	46	42.81	27	16.20	57
泉州	29.00	47	38.57	32	19.42	54
西宁	28.56	48	11.40	56	45.72	17
漳州	27.94	49	36.57	34	19.30	55
乌鲁木齐	27.31	50	18.07	50	36.55	35
贵阳	26.44	51	19.43	46	33.46	37
榆林	26.40	52	24.53	44	28.28	46
襄阳	24.78	53	25.97	41	23.59	50
南宁	24.68	54	19.09	48	30.28	44
石家庄	23.50	55	27.08	40	19.92	53
呼和浩特	23.07	56	13.73	54	32.40	40
海口	21.20	57	10.93	57	31.48	41
银川	17.72	58	8.63	58	26.82	49
权重	100		50		50	

不完善,是限制环境与平台综合排名提升的主要因素。对于这些城市,政府应着重于基础设施(如医院和学校)的建设,提升地区教育文化水平。

将视角转向排名靠后的城市,可以发现银川的环境与平台得分以及营商环境得分均排名末位。另外,配套设施得分排名末位的是营商环境排名第5位的东莞,它也是两项二级指标排名差距最大的城市。营商环境和配套设施的排名均不高于40位的城市有7

个，分别是银川、海口、呼和浩特、石家庄、南宁、襄阳和榆林，它们刚好也是环境与平台排名的倒数 7 位。

由两项二级指标的得分可以计算得出，营商环境的标准差为 21.42，而配套设施的标准差为 14.63，这说明各城市间配套设施的差距相对较小，而营商环境的差距相对较大。

7.1.3　三级指标分析

本节将分别分析各城市在营商环境和配套设施下属共六个三级指标的得分情况。其中，营商环境下属的三个三级指标分别是创新环境、金融发展水平和知识产权保护（表 7-2）；配套设施下属的三个三级指标分别是医疗水平、休闲与文化和基础教育（表 7-3）。其中，创新环境和知识产权保护两项指标的原数据仅以省为单位，因此我们选择将每个省的得分赋给属于该省的所有城市。另外，限于篇幅，我们将只选择各指标排名前十位的城市进行分析。

表 7-2　2023 年各城市营商环境下属三级指标得分及排名情况（前十位）

排名	营商环境		创新环境		金融发展水平		知识产权保护	
	城市	得分	城市	得分	城市	得分	城市	得分
1	北京	93.00	北京	100.00	上海	100.00	佛山	100.00
2	上海	79.32	佛山	98.01	北京	92.56	广州	100.00
3	深圳	78.49	广州	98.01	天津	65.20	深圳	100.00
4	广州	76.35	深圳	98.01	重庆	52.82	东莞	100.00
5	东莞	73.96	东莞	98.01	杭州	45.37	无锡	95.57
6	佛山	73.68	无锡	72.97	深圳	37.47	常州	95.57
7	南京	67.70	常州	72.97	厦门	36.38	扬州	95.57
8	苏州	66.81	扬州	72.97	南京	34.56	徐州	95.57
9	杭州	66.53	徐州	72.97	武汉	32.19	盐城	95.57
10	常州	65.55	盐城	72.97	苏州	31.90	苏州	95.57
权重	100		33.33		33.33		33.33	

表 7-3　2023 年各城市配套设施下属三级指标得分及排名情况（前十位）

排名	配套设施		医疗水平		休闲与文化		基础教育	
	城市	得分	城市	得分	城市	得分	城市	得分
1	上海	81.13	西宁	100.00	上海	100.00	北京	100.00
2	南京	72.99	太原	97.94	深圳	97.62	烟台	94.02
3	沈阳	67.06	沈阳	91.40	南京	77.94	长春	88.76
4	杭州	64.83	哈尔滨	91.26	杭州	65.75	上海	87.13
5	长春	64.04	郑州	84.83	嘉兴	60.74	潍坊	80.07
6	太原	63.84	乌鲁木齐	78.22	苏州	55.67	南京	78.53

续表

排名	配套设施		医疗水平		休闲与文化		基础教育	
	城市	得分	城市	得分	城市	得分	城市	得分
7	北京	62.18	杭州	76.24	济南	53.27	鄂尔多斯	78.05
8	济南	59.13	长沙	71.99	广州	52.71	泰州	77.48
9	哈尔滨	57.57	昆明	71.39	沈阳	51.68	兰州	76.23
10	大连	49.39	贵阳	71.29	厦门	46.51	哈尔滨	71.66
权重	100		33.33		33.33		33.33	

对于营商环境的下属指标，北京在创新环境中排名第一位，其后是广东省和江苏省诸城市；金融发展水平方面，上海和北京分别位居第一和第二，且与其他城市的得分有较大差距；在知识产权保护上，广东省亦领跑全国，而江苏省则位居其后。营商环境排名第一位的北京在创新环境和金融发展水平方面分别位列第一和第二，但在知识产权保护方面却未能进入前十。

对于配套设施的下属指标，医疗水平得分排名全国首位的是西宁，其次是太原、沈阳、哈尔滨和郑州；休闲与文化排名前列的城市主要位于长三角地区，前五位中有上海、南京、杭州和嘉兴四个长三角地区城市；基础教育方面，北京排名第一，其后为烟台、长春等城市。和营商环境类似，配套设施排名第一的上海虽在休闲与文化方面排名第一位、在基础教育方面排名第四位，但却没有进入医疗水平排行榜前十。

在六项三级指标中，综合所有城市的数据来看，金融发展水平和休闲与文化差距相对较小，得分标准差分别为 18.15 和 22.24；医疗水平和基础教育差距相对居中，得分标准差分别为 23.62 和 23.92；知识产权保护和创新环境差距相对较大，得分标准差分别为 27.88 和 29.61。

7.1.4 排名变化

相较于 2022 年，2023 年环境与平台排名上升的城市有 29 个，其中上升幅度最大的是福州，上升了 11 位。除此以外，兰州、泉州、沈阳、厦门和郑州的排名也都上升了超过 5 位(表 7-4)。即便如此，这些城市的环境与平台指标在 2023 年的排名仍大多处于中下位置，如福州的排名从 2022 年的第 49 位上升到了 2023 年的第 38 位。排名下降的城市有 20 个，其中海口的排名下降幅度最大，从 2022 年的第 29 位下降至 2023 年的第 57 位，下降了 28 位。除此之外，榆林、青岛、武汉、昆明和临沂的排名也都下降了超过 5 位。另有 9 个城市的排名没有发生变化。

表 7-4 2022—2023 年各城市科技创业的环境与平台的排名与变化

城市	2023 年	2022 年	变化	城市	2023 年	2022 年	变化
上海	1	2	1	杭州	4	4	0
北京	2	1	−1	深圳	5	6	1
南京	3	3	0	广州	6	5	−1

续表

城市	2023 年	2022 年	变化	城市	2023 年	2022 年	变化
苏州	7	7	0	合肥	33	30	−3
无锡	8	9	1	大连	34	35	1
济南	9	8	−1	哈尔滨	35	36	1
南通	10	10	0	重庆	36	37	1
泰州	11	12	1	唐山	37	41	4
扬州	12	11	−1	福州	38	49	11
绍兴	13	16	3	兰州	39	47	8
嘉兴	14	13	−1	厦门	40	46	6
盐城	15	15	0	洛阳	41	44	3
常州	16	18	2	西安	42	38	−4
温州	17	21	4	南昌	43	48	5
烟台	18	14	−4	鄂尔多斯	44	45	1
沈阳	19	26	7	昆明	45	39	−6
佛山	20	20	0	临沂	46	40	−6
潍坊	21	19	−2	泉州	47	54	7
天津	22	25	3	西宁	48	43	−5
宁波	23	23	0	漳州	49	53	4
青岛	24	17	−7	乌鲁木齐	50	50	0
东莞	25	24	−1	贵阳	51	52	1
徐州	26	27	1	榆林	52	42	−10
太原	27	31	4	襄阳	53	51	−2
郑州	28	34	6	南宁	54	57	3
武汉	29	22	−7	石家庄	55	56	1
长春	30	32	2	呼和浩特	56	55	−1
长沙	31	33	2	海口	57	29	−28
成都	32	28	−4	银川	58	58	0

7.2　领　先　地　区

7.2.1　上海

2023 年上海在科技创业的环境与平台评估中位居全国首位。分指标看,如图 7-2 所示,2023 年上海的营商环境得分为 79.32,排名第 2 位,较 2022 年上升 2 位;配套设施得分为 81.13,排名第 1 位,较 2022 年上升 1 位。上海的环境与平台指标与经济指标大致处于同一水平。三级指标中,2023 年上海有两个指标(金融发展水平和休闲与文化)排名全国第 1 位,但在创新环境、知识产权保护和医疗水平方面表现不佳。

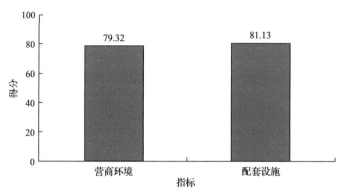

图 7-2　上海环境与平台二级指标柱状图

7.2.2　北京

2023 年北京环境与平台排名第 2 位,相较于 2022 年的首位下降了 1 个位次,被上海超越。北京的环境与平台指标与经济指标大致处于同一水平。分指标来看,北京在营商环境上的表现非常出色,得分达到了 93.00(图 7-3),稳居全国首位,北京的基础教育更是连续两年位居全国第一。但是,北京在配套设施指标上的得分相对较低,医疗水平和休闲与文化的排名分别为第 28 位和第 16 位。

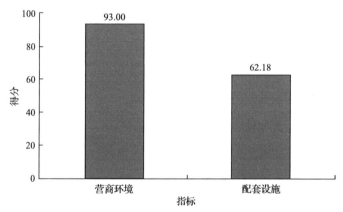

图 7-3　北京环境与平台二级指标柱状图

7.2.3　南京

2023 年南京环境与平台排名第 3 位,与 2022 年持平。与经济指标相比,南京的环境与平台排名更高。分指标来看,南京在 6 个指标上的表现相对其他城市更加平均,排名最高的指标是得分为 77.94 的休闲与文化,排名第 3 位;排名最低的指标是得分为 62.49 的医疗水平,排名第 16 位。南京在各指标上的排名相对其他城市也更加稳定:6 个三级指标中,排名变化最大的仅为上升 2 位。2023 年,南京的配套设施得分为 72.99(图 7-4),

排名第 2 位，较 2022 年上升 1 位；营商环境则排名第 7 位，与 2022 年持平。综合来说，南京在配套设施方面表现优异，但其中得分仅有 34.56 的金融发展水平仍然是限制其排名进一步上升的关键因素。

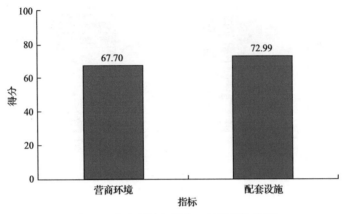

图 7-4　南京环境与平台二级指标柱状图

7.2.4　杭州

2023 年杭州环境与平台排名第 4 位，与 2022 年持平。杭州的环境与平台指标排名显著高于其经济指标。分指标来看，如图 7-5 所示，2023 年杭州营商环境得分 66.53，排名第 9 位，较 2022 年上升 3 位；配套设施得分 64.83，排名与 2022 年相同，均为第 4 位。杭州在金融发展水平、医疗水平和休闲与文化方面更具优势，对应排名均位居全国前十。但相对的，杭州的基础教育只能排到第 21 位，是其在配套设施方面的一大短板。

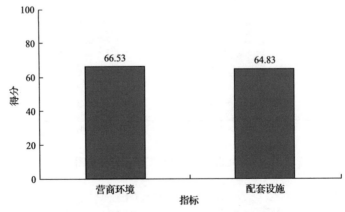

图 7-5　杭州环境与平台二级指标柱状图

7.2.5　深圳

2023 年深圳环境与平台排名第 5 位，相较于 2022 年上升了 1 位。深圳的环境与平台指标与经济指标大致处于同一水平。分指标来看，如图 7-6 所示，2023 年深圳的营商环境得分 78.49，排第 3 位，与 2022 年相比下降 1 位；配套设施得分 42.63，排第 24 位，与 2022 年相比上升 10 位，两项指标排名差距显著。从三级指标来看，深圳的发展非常失衡：创新环境、金融发展水平、知识产权保护和休闲与文化的排名均位于前列，分别为第 4 位、第 6 位、第 3 位和第 2 位。然而，深圳的基础教育仅排名第 45 位，处于中下位置；医疗水平指标得分更是仅有 2.50，在 58 个城市中排名倒数第二，仅高于东莞。因此，深圳在环境与平台方面的发展中应首先提升医疗水平并加强基础教育。

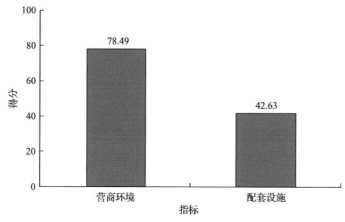

图 7-6　深圳环境与平台二级指标柱状图

7.2.6　广州

2023 年广州环境与平台排名第 6 位，相较于 2022 年降低了 1 位，与深圳交换排名。经济指标方面，2021 年广州地区生产总值为 28 232 亿元，排名全国第 4 位；人均地区生产总值为 150 366 元，排名全国第 13 位。广州的环境与平台排名较经济指标略高。分指标来看，如图 7-7 所示，2023 年广州的营商环境得分为 76.35，排第 4 位；配套设施得分为 39.79，排第 29 位，与 2022 年相比均下降了 1 位，两项指标排名差距显著，与深圳的情况非常类似。三级指标方面，广州也和深圳一样处于相对失衡的状态，并同样在医疗水平和基础教育两项指标上排名靠后，分别排第 35 位和第 44 位。

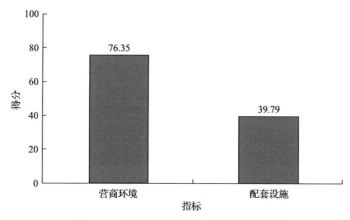

图 7-7　广州环境与平台二级指标柱状图

7.3　重　点　区　域

7.3.1　京津冀地区

　　京津冀地区包括北京、天津两个直辖市以及河北省的全部城市。京津冀地区共有 4 个城市参与本次评估，分别是北京(第 2 位)、天津(第 22 位)、唐山(第 37 位)和石家庄(第 55 位)(表 7-5)。可以发现，属河北省的 2 个城市的排名和 2 个直辖市之间有较大差距。与 2022 年相比，4 个城市在营商环境这一指标上的排名均未有太大变化，但唐山却在配套设施方面有长足发展，排名上升了 17 位，这也使得它的环境与平台综合排名上升了 4 位。

表 7-5　2023 年京津冀地区环境与平台及其二级指标得分与排名情况

城市	环境与平台		营商环境		配套设施	
	得分	排名	得分	排名	得分	排名
全国均值	41.21		42.46		39.97	
地区均值	45.32		47.31		43.33	
北京	77.59	2	93.00	1	62.18	7
天津	45.33	22	46.00	23	44.65	19
唐山	34.86	37	23.15	45	46.56	15
石家庄	23.50	55	27.08	40	19.92	53

　　总的来说，京津冀地区在科技创业的环境与平台方面的表现不如预期，虽然地区均值略高于全国均值，但只有北京和天津两个区域核心城市取得了相对较高的得分和排名。

7.3.2　长三角地区

　　长三角地区包括上海这一直辖市以及江苏省、安徽省和浙江省的全部城市，是中国经济最为发达的城市群。长三角地区共有 16 个城市参与本次评估，按环境与平台排名分类，依次是排名前 10 位的上海(第 1 位)、南京(第 3 位)、杭州(第 4 位)、苏州(第 7 位)、无锡(第 8 位)和南通(第 10 位)，排名前 20 位的泰州、扬州、绍兴、嘉兴、盐城、常州和温州(第 11 位至第 17 位)，以及排名相对靠后的宁波(第 23 位)、徐州(第 26 位)、合肥(第 33 位)(表 7-6)。通过分析数据可以得出，长三角地区在环境与平台方面表现优异，仅有一个城市的得分低于全国均值。与 2022 年相比，大多数城市也维持了较高排名。分指标来看，长三角地区的配套设施相对其营商环境较弱，日后配套设施的建设应成为长三角地区城市发展的重点。但同时我们也发现，安徽省唯一参与评估的省会城市，即合肥的环境与平台和其二级指标营商环境的排名均为长三角地区末位，说明安徽在环境与平台指标上为长三角地区的短板。

表 7-6　2023 年长三角地区环境与平台及其二级指标得分与排名情况

城市	环境与平台		营商环境		配套设施	
	得分	排名	得分	排名	得分	排名
全国均值	41.21		42.46		39.97	
地区均值	53.57		62.80		44.34	
上海	80.22	1	79.32	2	81.13	1
南京	70.34	3	67.70	7	72.99	2
杭州	65.68	4	66.53	9	64.83	4
苏州	56.05	7	66.81	8	45.28	18
无锡	53.24	8	65.50	11	40.98	27
南通	53.10	10	63.02	12	43.17	22
泰州	51.94	11	62.80	14	41.08	25
扬州	51.91	12	62.83	13	41.00	26
绍兴	51.51	13	60.25	20	42.77	23
嘉兴	50.43	14	61.15	16	39.71	31
盐城	50.01	15	60.59	19	39.44	32
常州	49.17	16	65.55	10	32.79	39
温州	48.20	17	61.34	15	35.06	36
宁波	44.15	23	61.14	17	27.17	48
徐州	42.09	26	60.91	18	23.28	51
合肥	39.02	33	39.29	31	38.75	33

7.3.3　粤港澳大湾区

粤港澳大湾区是国家针对粤港澳地区提出的一个区域融合发展概念，包括香港、澳门两个特别行政区，以及广东省位于珠江三角洲地区的城市。粤港澳大湾区共有 4 个城市参与本次评估，分别是深圳（第 5 位）、广州（第 6 位）、佛山（第 20 位）和东莞（第 25 位）（表 7-7）。从整体来看，粤港澳大湾区在环境与平台方面和长三角地区处于同一水平。但与长三角地区更相似的是，粤港澳大湾区也是一个显著的重营商环境而轻配套设施的区域，且偏差更大。营商环境地区均值（75.62）甚至大幅超过了长三角地区，但配套设施地区均值（27.75）却低于全国均值。具体到三级指标，粤港澳大湾区在医疗水平方面表现最差，有 3 个城市甚至排在了全国后 5 位，其中东莞更是连续两年排名倒数第一。在同样表现不佳的基础教育指标上，4 个城市的排名都较 2022 年有所下降。

表 7-7　2023 年粤港澳大湾区环境与平台及其二级指标得分与排名情况

城市	环境与平台		营商环境		配套设施	
	得分	排名	得分	排名	得分	排名
全国均值	41.21		42.46		39.97	
地区均值	51.69		75.62		27.75	
深圳	60.56	5	78.49	3	42.63	24
广州	58.07	6	76.35	4	39.79	29
佛山	45.77	20	73.68	6	17.85	56
东莞	42.34	25	73.96	5	10.73	58

7.4　关键指标分析

科技创业的环境与平台由六个三级指标决定，分别是营商环境中的创新环境、金融发展水平、知识产权保护，以及配套设施中的医疗水平、休闲与文化、基础教育。在本节，我们将会对其中的后四项指标进行重点分析。另外，由于配套设施三项指标所用的原始数据均是易于理解且有现实意义的值，在下面的分析中我们会直接列出这三项指标的原始数据。

7.4.1　知识产权保护

如前文所提到的，知识产权保护指标的原始数据以省为单位，因此每个城市的得分将使用对应省份的数据，如表 7-8 所示。从表中数据可以看出，对知识产权保护的重视程度与经济发展程度呈很强的正相关性。经济较为发达的广东、江苏、浙江沿海三省在知识产权保护方面的表现最优异，其次是北京和上海两个直辖市。诸如宁夏、海南、青海等经济欠发达地区在该项指标的排名则相对靠后。

表 7-8　2023 年各城市知识产权保护指标数据

城市	得分		排名与变化		
	2023 年	2022 年	2023 年	2022 年	变化
佛山	100.00	100.00	1	1	0
广州	100.00	100.00	2	2	0
深圳	100.00	100.00	3	3	0
东莞	100.00	100.00	4	4	0
无锡	95.57	97.28	5	5	0
常州	95.57	97.28	6	6	0
扬州	95.57	97.28	7	7	0
徐州	95.57	97.28	8	8	0

续表

城市	得分		排名与变化		
	2023 年	2022 年	2023 年	2022 年	变化
盐城	95.57	97.28	9	9	0
苏州	95.57	97.28	10	10	0
泰州	95.57	97.28	11	11	0
南京	95.57	97.28	12	12	0
南通	95.57	97.28	13	13	0
杭州	90.49	77.93	14	20	6
宁波	90.49	77.93	15	21	6
嘉兴	90.49	77.93	16	22	6
绍兴	90.49	77.93	17	23	6
温州	90.49	77.93	18	24	6
北京	86.44	92.64	19	14	−5
上海	86.21	72.21	20	25	5
临沂	84.79	89.65	21	15	−6
青岛	84.79	89.65	22	16	−6
济南	84.79	89.65	23	17	−6
潍坊	84.79	89.65	24	18	−6
烟台	84.79	89.65	25	19	−6
成都	72.08	55.04	26	29	3
合肥	70.34	56.40	27	28	1
福州	70.34	43.87	28	32	4
厦门	70.34	43.87	29	33	4
泉州	70.34	43.87	30	34	4
漳州	70.34	43.87	31	35	4
长沙	62.10	34.33	32	41	9
郑州	60.78	34.60	33	39	6
洛阳	60.78	34.60	34	40	6
石家庄	57.20	32.15	35	42	7
唐山	57.20	32.15	36	43	7
武汉	51.65	59.13	37	26	−11
襄阳	51.65	59.13	38	27	−11

续表

城市	得分		排名与变化		
	2023 年	2022 年	2023 年	2022 年	变化
天津	51.41	40.33	39	38	−1
沈阳	50.09	40.87	40	36	−4
大连	50.09	40.87	41	37	−4
南昌	48.73	12.53	42	48	6
重庆	47.36	24.52	43	45	2
榆林	43.13	47.41	44	30	−14
西安	43.13	47.41	45	31	−14
哈尔滨	42.47	24.52	46	44	−2
长春	38.18	23.71	47	46	−1
昆明	33.19	9.81	48	49	1
兰州	32.86	7.08	49	52	3
南宁	32.25	17.17	50	47	−3
贵阳	30.89	9.26	51	50	−1
乌鲁木齐	30.18	3.00	52	55	3
太原	28.44	7.36	53	51	−2
呼和浩特	22.93	4.36	54	53	−1
鄂尔多斯	22.93	4.36	55	54	−1
西宁	10.08	0.00	56	58	2
海口	2.26	1.63	57	56	−1
银川	0.00	1.63	58	57	−1

7.4.2 医疗水平

2023 年各城市医疗水平指标数据如表 7-9 所示,不难发现,医疗条件相对较好的城市并不是北京(第 28 位)、上海(第 20 位)、广州(第 35 位)这样的传统发达大都市,而是一些远离国家经济中心的小城,如西北地区的西宁、乌鲁木齐,或东北地区的沈阳、哈尔滨,这些城市的低人口密度是它们名列前茅的关键。北京、上海、广州这类超大城市虽有着完善的基础设施,但它们在巨大的人口负荷面前仍显乏力。

表 7-9 2023 年各城市医疗水平指标数据

城市	指标值		排名与变化		
	2023 年	2022 年	2023 年	2022 年	变化
西宁	82.79	87.91	1	1	0
太原	81.75	78.61	2	2	0
沈阳	78.43	74.98	3	4	1

续表

城市	指标值		排名与变化		
	2023 年	2022 年	2023 年	2022 年	变化
哈尔滨	78.36	76.82	4	3	−1
郑州	75.09	72.69	5	6	1
乌鲁木齐	71.74	74.98	6	5	−1
杭州	70.73	70.39	7	7	0
长沙	68.57	66.81	8	9	1
昆明	68.27	68.90	9	8	−1
贵阳	68.22	61.23	10	18	8
兰州	67.70	65.11	11	11	0
济南	67.70	63.63	12	13	1
长春	66.75	64.98	13	12	−1
武汉	64.85	65.88	14	10	−4
成都	64.09	61.05	15	19	4
南京	63.75	61.65	16	17	1
合肥	63.74	63.26	17	14	−3
大连	62.74	60.96	18	20	2
海口	61.09	60.43	19	21	2
上海	60.58	57.73	20	23	3
南昌	60.53	61.98	21	15	−6
洛阳	58.94	59.35	22	22	0
西安	57.85	51.32	23	30	7
唐山	57.19	50.61	24	31	7
呼和浩特	57.05	54.26	25	28	3
青岛	56.88	61.77	26	16	−10
银川	56.14	54.87	27	25	−2
北京	55.87	54.50	28	27	−1
重庆	55.51	54.52	29	26	−3
潍坊	54.97	52.94	30	29	−1
无锡	54.38	57.48	31	24	−7
襄阳	52.33	49.98	32	33	1
南宁	52.24	48.77	33	39	6
苏州	52.01	49.89	34	34	0
广州	51.73	49.66	35	35	0
石家庄	51.05	49.53	36	36	0

续表

城市	指标值		排名与变化		
	2023 年	2022 年	2023 年	2022 年	变化
南通	50.84	50.28	37	32	−5
榆林	49.79	48.52	38	40	2
鄂尔多斯	48.85	49.06	39	37	−2
常州	48.58	45.19	40	45	5
绍兴	47.99	45.55	41	44	3
烟台	47.98	47.14	42	41	−1
徐州	47.44	45.85	43	43	0
临沂	47.26	44.74	44	47	3
泰州	47.16	48.97	45	38	−7
盐城	46.57	46.74	46	42	−4
嘉兴	45.71	44.74	47	46	−1
天津	45.10	44.36	48	48	0
漳州	44.74	43.85	49	49	0
福州	43.66	41.46	50	51	1
扬州	42.95	41.46	51	50	−1
温州	42.61	40.33	52	53	1
宁波	42.16	40.79	53	52	−1
佛山	41.85	37.66	54	55	1
泉州	38.55	40.07	55	54	−1
厦门	37.33	35.21	56	56	0
深圳	36.62	32.70	57	57	0
东莞	33.30	31.39	58	58	0

7.4.3　休闲与文化

2023 年各城市休闲与文化指标数据如表 7-10 所示,可以看到,长三角地区和粤港澳大湾区的城市在该项指标上发挥出色。与 2022 年相比,58 个受评估城市中,有 48 个[①]城市的指标值上涨,仅有 10 个[②]城市的指标值出现了下降现象。其中北京和海口两个城市的指标值相较 2022 年分别降低了 54.08%和 86.49%,应重点关注后续发展情况。

---

① 据原始数据统计所得,因此与表 7-10 中的统计结果有误差。
② 据原始数据统计所得,因此与表 7-10 中的统计结果有误差。

表 7-10　2023 年各城市休闲与文化指标数据

城市	指标值		排名与变化		
	2023 年	2022 年	2023 年	2022 年	变化
上海	3.30	3.25	1	3	2
深圳	3.23	2.79	2	4	2
南京	2.65	2.59	3	5	2
杭州	2.29	2.19	4	6	2
嘉兴	2.14	1.99	5	9	4
苏州	1.99	2.04	6	8	2
济南	1.92	1.83	7	10	3
广州	1.90	2.07	8	7	−1
沈阳	1.87	1.82	9	11	2
厦门	1.72	1.62	10	12	2
大连	1.68	1.56	11	14	3
天津	1.65	1.57	12	13	1
福州	1.56	1.47	13	17	4
温州	1.56	1.49	14	16	2
绍兴	1.56	1.41	15	18	3
北京	1.52	3.31	16	2	−14
武汉	1.46	1.49	17	15	−2
长春	1.38	1.26	18	22	4
鄂尔多斯	1.37	1.29	19	20	1
无锡	1.34	1.29	20	19	−1
南宁	1.32	1.02	21	30	9
银川	1.32	0.80	22	38	16
太原	1.27	1.24	23	23	0
扬州	1.26	1.26	24	21	−3
唐山	1.26	0.96	25	31	6
泉州	1.24	1.20	26	26	0
长沙	1.23	1.20	27	25	−2
东莞	1.19	1.12	28	27	−1
宁波	1.18	1.24	29	24	−5
常州	1.11	1.03	30	29	−1
南通	1.05	0.94	31	33	2
盐城	0.97	0.89	32	35	3

城市	指标值		排名与变化		
	2023 年	2022 年	2023 年	2022 年	变化
烟台	0.97	0.95	33	32	−1
乌鲁木齐	0.93	0.91	34	34	0
郑州	0.91	1.04	35	28	−7
合肥	0.88	0.83	36	37	1
佛山	0.88	0.77	37	41	4
青岛	0.87	0.83	38	36	−2
潍坊	0.85	0.79	39	39	0
泰州	0.82	0.78	40	40	0
重庆	0.73	0.62	41	43	2
洛阳	0.72	0.71	42	42	0
襄阳	0.69	0.55	43	49	6
呼和浩特	0.69	0.61	44	46	2
西安	0.68	0.62	45	45	0
哈尔滨	0.63	0.62	46	44	−2
成都	0.62	0.59	47	47	0
徐州	0.59	0.49	48	52	4
南昌	0.56	0.56	49	48	−1
贵阳	0.55	0.54	50	50	0
榆林	0.48	0.54	51	51	0
西宁	0.47	0.12	52	58	6
昆明	0.45	0.42	53	53	0
海口	0.45	3.33	54	1	−53
漳州	0.41	0.33	55	57	2
石家庄	0.38	0.37	56	54	−2
临沂	0.37	0.35	57	55	−2
兰州	0.34	0.34	58	56	−2

7.4.4　基础教育

2023 年各城市基础教育指标数据如表 7-11 所示,从数据中我们可以看到,北京凭借其极其丰富的教育资源在 2022—2023 年连续两年蝉联第一,而上海却略显疲态,2023年排名下降了一位。另外,其他指标值大多位于受评估城市中游位置的烟台,却在基础教育方面表现突出,位居全国第二。

表 7-11　2023 年各城市基础教育指标数据

城市	指标值		排名与变化		
	2023 年	2022 年	2023 年	2022 年	变化
北京	8.64	8.73	1	1	0
烟台	8.46	8.71	2	2	0
长春	8.30	8.28	3	4	1
上海	8.26	8.40	4	3	−1
潍坊	8.04	8.14	5	5	0
南京	8.00	7.89	6	8	2
鄂尔多斯	7.98	8.13	7	6	−1
泰州	7.97	7.92	8	7	−1
兰州	7.93	7.64	9	13	4
哈尔滨	7.79	7.89	10	9	−1
扬州	7.76	7.83	11	10	−1
南通	7.70	7.74	12	11	−1
盐城	7.70	7.48	13	14	1
天津	7.56	7.66	14	12	−2
太原	7.52	7.29	15	18	3
唐山	7.42	7.22	16	19	3
沈阳	7.39	7.04	17	22	5
绍兴	7.32	7.44	18	16	−2
青岛	7.29	7.45	19	15	−4
济南	7.26	7.42	20	17	−3
杭州	7.22	7.21	21	20	−1
无锡	7.01	6.83	22	28	6
榆林	7.00	6.82	23	29	6
昆明	6.98	6.98	24	23	−1
温州	6.97	6.92	25	24	−1
成都	6.93	6.84	26	27	1
大连	6.92	6.91	27	25	−2
苏州	6.87	6.63	28	34	6
重庆	6.86	6.71	29	31	2
常州	6.84	6.70	30	32	2
武汉	6.75	6.77	31	30	−1
呼和浩特	6.74	7.14	32	21	−11

续表

城市	指标值		排名与变化		
	2023 年	2022 年	2023 年	2022 年	变化
合肥	6.71	6.61	33	35	2
宁波	6.66	6.63	34	33	−1
海口	6.66	6.42	35	38	3
西宁	6.64	6.59	36	36	0
嘉兴	6.59	6.89	37	26	−11
徐州	6.58	6.26	38	45	7
漳州	6.57	6.38	39	40	1
南昌	6.51	6.29	40	44	4
洛阳	6.50	6.36	41	43	2
长沙	6.50	6.38	42	39	−3
西安	6.49	6.37	43	41	−2
广州	6.48	6.46	44	37	−7
深圳	6.48	6.36	45	42	−3
郑州	6.47	6.15	46	48	2
佛山	6.33	6.18	47	46	−1
贵阳	6.31	6.16	48	47	−1
石家庄	6.28	6.12	49	49	0
襄阳	6.22	5.94	50	53	3
南宁	6.19	6.10	51	50	−1
福州	6.18	5.85	52	55	3
临沂	6.18	6.03	53	51	−2
泉州	6.17	5.46	54	57	3
乌鲁木齐	6.00	5.97	55	52	−3
厦门	5.87	5.86	56	54	−2
东莞	5.75	5.53	57	56	−1
银川	5.65	5.43	58	58	0

第8章　中国城市科技创业调查

8.1　总　体　概　述

面对全球科技竞争加剧和国内经济结构调整的挑战，各级政府积极推动科技型创新创业，制定了给予税费优惠、搭建创业公共服务平台、支持创业教育培训、设立创新创业基金等一系列政策措施和支持举措，以激发创新活力、培育创业文化、优化创业环境，推动科技创业健康发展。城市作为科技创新和创业活动的中心地带，承载着巨大的创新潜能和经济增长动力，随着科技的进步和创新活动的加速发展，越来越多的科技创业公司在城市中崛起，为城市带来了新的发展动力和活力，成为城市发展的重要支撑点。随着科技的迅速发展和市场的不断变化，创新和创业不仅是企业和个人的选择，更是国家经济政策和社会发展战略的重要组成部分。因此，调查中国城市的科技创新创业现状，了解科技型创业者的处境和观点，深入研究中国城市创新创业整体环境，对于制定城市发展战略、优化城市创新生态系统具有重要意义。2023年中国城市科技创业调查通过定量问卷方式，对全国科技行业的创业活动和创业环境进行调研，重点考察不同城市企业家在科技创业活动开展过程中的主观感受。

研究结果表明，近六成受访者年龄在25—34岁，本科学历占比超过50%。在科技创业环境综合分值排名上，二三线城市相对靠前，排前三的是海口、台州、泉州。深圳、广州、杭州等大家心目中的一线大牌城市反而排名相对靠后。针对这种反差现象，研究发现城市创业环境主观感受指数与地区生产总值排名错位的深层次原因有以下五个：政策倾斜、创业需求存在差异、资源和成本优势不同、企业数量和规模及市场需求存在差异，以及资金支持的满足程度不同。对此我们将在本章具体阐述。

总体来看，调查有以下几点发现。

第一，中国各城市对科技行业内创业活动的金融支持力度较大，得益于多层次金融机构体系和差异化金融服务，科技型初创企业在吸引投资上较为容易。

第二，研发费用加计扣除政策实行效果较好，人才政策和成果转化政策相对滞后，政府重点支持的孵化器对初创及成长型企业的帮助较大。

第三，创业者对高校在上课和管理学科等管理技能教育上的贡献的评价较好，但对于中小学阶段对学生创新意识和自主性的培养相对欠满意。

第四，初创企业和成长型企业在科技成果转化中获得的支持相较成熟企业而言处于劣势地位，获得政府的支持仍是企业家日常工作的重要组成部分。

第五，虽然初创企业和成长型企业可以轻松地进入市场，且可以较为方便和低廉地获得所需的生产和办公空间，但其负担公司运营所需成本的能力仍然较弱。

8.2　调 查 概 况

8.2.1　调查范围和对象

本次调查覆盖我国 57 个城市，回收有效样本 1659 个，囿于执行方面的问题，我们未将乌鲁木齐和西宁纳入排名。调查委托零点有数具体执行。定量问卷调查根据目标样本总量对各城市进行均等分配，每个城市抽取 30 个左右的样本。

在受访者画像方面，75.36% 的受访科技创业者为男性，女性占比 24.64%。从受访者年龄来看，18—24 岁样本占比 9.84%，近六成受访者年龄在 25—34 岁，占比 59.03%，35—44 岁样本占比 27.64%，45—54 岁样本占比 2.51%，55—64 岁样本占比 0.12%，65—99 岁样本占比 0.03%，拒绝透露年龄的样本占比 0.83%，总体来看，科技创业者主要以 18—44 岁的年轻群体为主。从受访者受教育程度来看，初中学历占比 1.16%，高中/中专学历占比 9.87%，大专学历占比 25.38%，本科学历占比 58.08%，硕士研究生及以上占比 5.50%[①]。

对于受访者所处科技行业的定义及分类，主要参照《高技术产业(服务业)分类(2018)》和《高技术产业(制造业)分类(2017)》，在此基础上结合零点有数公司库企业分类，具体划分出科研/教育/培训、IT/软硬件服务/电子商务/网络运营、电子技术/半导体/集成电路/仪器仪表/工业自动化、制药/生物工程/医疗设备/医疗器械、通信/电信运营/网络设备/增值服务、机械/设备/重工、航天/航空和能源/矿业/石油/化工/地质七大科技行业(高技术产业分类表详见附表 1-1)，并确保每个城市所收集样本对以上七大科技行业领域均有覆盖。

8.2.2　调查内容

本次问卷调查着眼于高技术行业企业家的主观感受，关注国内各个城市科技创业者及其创业活动，在问卷设计阶段将题目具体划分为金融、政府政策、政府项目、教育与培训、科研成果转化、商业基础环境、市场开放度、空间可获得性和创业关系维度九个主题模块，评估指标体系如表 8-1 所示(调查问卷详见附录 2)。

表 8-1　评估指标体系表

主题(二级指标)	细化指标(三级指标)
金融(A)	股权融资、债务融资、政府补贴、非正式投资者资金、专业的商业天使资金、风险投资资金、IPO (Initial Public Offerings, 首次公开募股)、小额资金、融资难易程度
政府政策(B)	利好和优先程度、公司注册和办理执照的成本及时效、赋税水平、政策项目数量、政府人才政策、成果转化政策、财税政策和服务平台政策的落实情况
政府项目(C)	帮扶机构功能多样性、帮扶有效性、工作人员能力及效率
教育与培训(D)	中小学教育、高校提供的科学技术和管理技能准备

---

① 占比加总为 99.99%，为据原始数据计算四舍五入所致。

续表

主题(二级指标)	细化指标(三级指标)
科研成果转化(E)	转移有效性、接触机会、技术购买能力、政府补贴、基础科学和技术支持、技术商业化支持
商业基础环境(F)	分包商、供应商和顾问的数量、使用成本、可达性，专业法律和会计服务，银行服务，云计算服务成本负担能力，技术人员充足性，获得和维持生意的方式
市场开放度(G)	新市场进入难度、市场进入成本、市场进入公平性、获得政府支持的难易程度
空间可获得性(H)	办公及生产空间的充足性和可获得性
创业关系维度(I)	寻找创业伙伴的难易程度，家庭、朋友和社会环境对创业活动的支持程度

8.2.3　分值计算方法

本次调查计算受访者自评分，形成 57 个样本城市的科技创业环境综合分值排名，根据受访者在问卷中给出的回答进行 0—10 分单项评分(三级指标)。

主题模块(二级指标)分值计算方式如下。根据各问卷题目和各主题模块的关联性，将相关题目原始单项分值折算成 100 分后进行加总并计算平均得分，获得各城市在该主题模块的分值，进行统计排名。

$$M = \frac{\sum X_n}{N}$$

其中，M 为模块分值；N 为各模块题目数量；X_n 为各模块各题目分值。

综合(一级指标)分值计算方式如下。在各模块得出的分值的基础上再次进行加总平均，计算出各城市综合分值，进行统计排名。

$$C = \frac{\sum M_l}{L}$$

其中，C 为城市综合分值；L 为模块数量；M_l 为各模块对应分值。

8.3　调查综合分值及排名结果

此次定量问卷调查综合分值及排名见图 8-1。

从城市分布和对应分值来看，地区生产总值排名相对靠后的西部和二三线城市的分值反而较经济发达城市高，排名前五的城市为海口、台州、泉州、石家庄和大连。老牌一线城市，如北京、广州、深圳、上海、杭州等的排名反而相对靠后。各城市科技创业环境综合分值和排名与地区生产总值排名总体呈现反向变化趋势。针对这种反差现象，在后期通过与不同地区的科技类创业者进行访谈以及桌面研究，剖析了城市科技创业环境综合分值与地区生产总值排名错位的深层次原因，具体有以下几点。

一是政策倾斜。为促进区域协调发展，国家从早期的西部大开发政策开始，陆续出台了一系列针对西部城市发展的扶持政策和举措，如针对沿边城市印发的《国务院关于

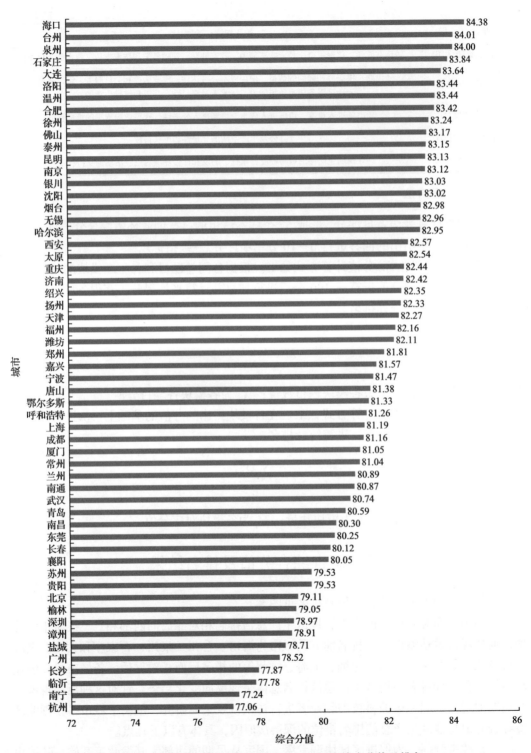

图 8-1 中国城市科技创业环境定量问卷调查综合分值及排名

支持沿边重点地区开发开放若干政策措施的意见》，明确部署搭建边境经济合作区、跨境经济合作区、沿边国家级口岸等地区合作重要平台，支持沿边重点地区开发开放。

在科技创新方面，《中共中央 国务院关于新时代推进西部大开发形成新格局的指导意见》提出形成大保护、大开放、高质量发展的新格局，确保西部地区生态环境、营商环境、开放环境、创新环境明显改善。科技部印发《关于加强科技创新 促进新时代西部大开发形成新格局的实施意见》，积极开展美丽西部科技支撑行动，发挥西部地区区位优势，支持构建"一带一路"国际科技合作平台网络，发挥云南作为中国连通印度洋的重要战略通道和对西南开放前沿阵地的区位优势，积极建设面向南亚东南亚辐射中心和孟中印缅经济走廊。

为保障国家总体战略目标的实现，在国家层面出台了一系列政策，由科技部牵头统筹协调落实，如在西部地区开展赋予科研人员职务科技成果所有权或长期使用权试点工作，落实扩大科研经费使用自主权政策，扩大高校和科研院所工资分配自主权。支持各类人才计划向西部地区倾斜，通过引才引智保障西部人才队伍建设。例如，为推进建设面向南亚东南亚科技创新中心，科技部与云南省在云南共建中国-南亚技术转移中心和中国-东盟创新中心，构建中国-南亚东南亚国际技术转移交易平台，强化与南亚、东南亚科技创新合作，并且受访的云南科技创业者表示，云南近年来积极响应国家政策，升级产业链工作制，针对划分的八条产业链，由政府牵头，设立由政府相关部门人员负责的"链长"统筹协调各产业链企业发展，按月开展"政企面对面"活动，针对企业需求及问题，由相关政府部门人员现场落实。例如，云南某公司相关人士在访谈中表示："政策基本都能配套了，现在哪怕偏远的地方也都有一些人才的引进政策，包括人才问题的解决，如住房问题、孩子的教育问题、所得税的扣除问题，一系列问题都有配套政策……对于企业来说，针对企业的科技成果的转化，政府也给到了相应的一些奖补……这不是通过园区的方式，而是按照产业链来做的划分……包括企业的一些奖补的申报、融资的需求，以及需要政府协调解决的各种困难，都由产业链统一去推动……"

西部地区城市在长期经济、市场、技术、创新基础较弱的情况下，随着国家层面政策的针对性倾斜及国际科技创新合作新机遇的到来，表现出科技基础薄弱和市场潜力巨大的特点，西部地区城市科技创业的要求和难度也相对较低。经济发达地区长期以来受益于区位优势和政策覆盖，经济活动和科技创新活动长期保持活跃，面对饱和的市场和激烈的竞争，以及政府招商引资的压力，政府政策扶持和补贴就具有了选择性。例如，深圳某公司相关人士在访谈中说道："……每个区的补贴的额度与补贴的政策都不一样……要符合补贴的条件不是那么容易的，要走很多流程。"

二是创业需求不同。对于地区生产总值排名相对靠后的城市来说，科技创业企业由于技术差距、规模差异、企业和项目类型差异等，在实际的创业活动开展和企业发展中面临的问题及需求不同于经济发达城市。例如，西部地区政府项目相对较多，对于当地政府来说，出于地域特殊性的考虑，更愿意与能保障信息安全、具有国家背景的央企、国企进行合作，而多数科技型初创企业的业务也更多地通过央企、国企的转交外包获得，保障性相对更强。

相对来看，二三线城市与经济发达的一线城市的科技型初创企业的业务拓展和发展路径存在较大差异，从而不同地区的科技型创业的需求也有所不同。前者创新基础相对较弱，科技创业企业数量相对较少、整体规模相对较小，这使得该类城市的科技型初创企业在实际业务开展和公司发展过程中对于一些高精尖技术以及资金规模的需求较经济发达城市的科技型初创企业小，也相较更容易满足。一线城市的竞争更加激烈。受访的某北京科技创业者表示，目前北京这样的一线城市的科技创业企业在激烈竞争中要想存活、发展，需要有自己的核心技术优势，而创新研发费用对于初创企业而言仍是较大负担。杭州某受访公司相关人士表示："资方会优先看企业的研发能力……基于你挑选的赛道、资源整合的能力，以及项目是否具有稀缺性、可塑性……"因此，从科技类创业者的获得感角度来看，通过数据可以发现，经济发达城市科技创业者对创业环境的评价相对较低。

三是资源优势和成本优势不同。针对西部地区科技创新，在推广应用新技术的基础上，国家结合当地实情积极引导促进优势学科发展，开展生物医药、生态保护技术等各项技术研究。西部地区丰富的自然资源优势也有效降低了创业企业的生产成本，如西北部城市具有丰富的太阳能、风能等资源，企业可以更容易地获得太阳能电池板和风力发电设备所需的原材料；西南部丰富的绿色水电资源也为电解铝、电解硅等企业提供了价格低廉的生产材料，吸引了较多相关企业在云南布局。例如，云南某公司受访者表示："一些独角兽企业也开始纷纷在云南布局，比方说比较著名的是咱们现在做的单晶硅、石英干锅，这些企业也都是一些科技型企业，陆续到云南来布局，更多地还是得益于云南的区位优势……"

此外，在西部地区和某些沿海三线城市，劳动力成本也相对较低，对于部分需要较多人工操作的科技创业企业而言，意味着更低的生产成本，当地政府也积极引导劳动力向产业密集地区流动。例如，受访的某西部孵化园负责人表示，近些年曾由当地政府牵头引导劳动力相对更密集地区的人口向用工需求较大的地区转移，充分利用当地资源优势，进一步降低了当地初创企业的用工成本，提升了企业竞争力和可持续发展能力。对于经济发达地区，企业创新创业水平相对较高，岗位技能要求也相对较高，并且对于同等技能人才的引进，企业也需要支付相对更高的薪酬。例如，受访的某深圳科技创业者表示，同样的技能岗位在深圳需要支付高于在其他城市 30%—40%的薪资。一线城市高技能人才的引进以及普通劳动力资源所需的更高成本都极大增加了初创企业的经济负担。北京某公司受访者认为高工资主要来源于高昂的生活成本："北京各方面成本要比其他城市高，它是首都，生活费高，所以成本高，一个大学毕业生，要是回到二三线城市生活，那一个月消费四五千块钱就够了，但在北京不行，租个房子，月租至少得四五千块钱，吃碗面要二三十块钱，二三线城市就十几块钱……北京的一个服务员，现在工资在五六千块钱，二三线的服务员的话，三千块钱就能够着了，北京创业成本要高很多。"

四是企业数量、规模和市场需求差异。不同地区的城市由于技术创新能力不同，科技创业企业的数量和规模也存在较大差异。对于西部地区城市和一些二三线城市来说，科技型企业数量较少，在市场份额一定的情况下，市场需求相对充足，且近年来在国家战略的带动下，这些城市对于数字化、信息化、科技创新的需求逐步扩大。总体来看，这些城市信息技术基础薄弱，市场潜力巨大，在当地科技型企业数量少的情况下，竞争力相对较弱，相对于一线城市没有那么"卷"，初创企业进入新市场的难易程度和成本也较一线城市低，使得资本和资源的投入能够集中于这些企业，市场份额和投融资的获得相对较容易，在宽松的市场环境下获得的利润也较高，对于科技型初创企业来说，其正处于一个小的区域发展风口。

一线城市的创新创业发展水平较高，其科技型企业数量较多，市场已趋于饱和状态，市场准入门槛通常较高，包括技术门槛、资金门槛等，科技型初创企业在这种环境下进入市场的机会和成本都极大增加，只有具备先进的技术和创新能力，拥有足够的资金和资源，同时满足市场监管和法律要求，才能顺利进入市场。此外，成熟企业可能已拥有强大的品牌影响力、技术实力或市场资源，甚至已经形成了自己的技术壁垒，初创企业与成熟企业竞争、挤占市场份额的难度较大。例如，北京某受访公司相关人士说道："因为中关村是一个科技摇篮，在这注册的科技公司非常多，但是从 2020 年以后，或者说从 2015 年开始到现在为止，注销的科技公司有上万家，我认识的朋友的公司和其他了解到的公司，最起码有几百家……"此外，根据科技型企业统计数据，2022 年经济发达的上海有 94 388 家科技型企业，北京有 91 259 家，而西部地区省会城市可能有不超过 5000 家，各地区科技型企业数量和规模差异极大。西部地区城市和经济发达地区城市面临着迥异的市场环境，对所处城市创业环境的评价也不尽相同。

五是资金支持的满足程度不同。对于西部地区城市和部分沿海三线城市，由于企业数量少、技术发展受限且当地具有成本优势，科技创业所需投入的资金体量相较经济发达城市小，再加上当地实施力度较大的办公和生产场地租金减免、高技术创业补贴等政策分担了一定的经济压力，企业发展过程中所需的资金支持能够较好满足。例如，云南某公司受访者谈道："云南有两个政策，一个是云南省的省级政策，主板上市大概有 1600 万元的上市奖补，另一个是地市级政策，地市级会有一个一比一的配套，北交所上市省级大概有 1000 万元的奖补，（我所在地方的）省州两级的配套总额为 2000 万元上下。如果是三板挂牌，省州两级大概有 230 万元的奖补……针对一些比较好的企业，若能走到资本市场，政府会努力孵化，给予足额的奖补，云南毕竟上市公司少……"

相对来看，位于一线城市的科技型初创企业，其生活成本和创业成本通常较高，对技术创新成果的要求也较高，科技创业企业需要投入大量的资金用于研发、生产、市场推广、高技能人才引进和用工成本等方面，但是创业初期往往面临资金缺乏的情况，在市场竞争激烈的形势下，又面临融资困难的问题，想要获取银行、投资机构的支持和政府补贴，要求和难度相对较高。

8.4　分类指标排名结果

8.4.1　金融分值与排名

金融支持是科技创新创业想法或项目落地的重要推力，近些年，各政府部门联合金融机构持续加大对科技创新创业的扶持力度,并不断完善科创金融制度和健全市场体系,致力于"金融支持科技创新,做强做优实体经济",引导推动信贷资源向科创领域倾斜,为科技类创新创业活动提供精准金融支持。

对于金融三级指标,先将其归总成两个方面来计算平均分,分别考察金融充足性和融资难易程度。金融充足性方面所有城市的平均分为 80.98 分,总体而言,中国各城市对科技行业内创业活动的金融支持力度较大。据图 8-2,三级指标中,除"专业的商业天使资金"外,其余资金支持渠道的金融充足性平均分均在 80 分以上。其中,通过互联网众筹等方式获得的"小额资金"对科技创业活动开展的支持力度最大,平均分最高,为82.15 分,其次是"政府补贴"和来源于创始人以外的家人、朋友和同事等个人的"非正式投资者资金",平均分分别为 81.58 分和 81.22 分;而"专业的商业天使资金"平均分相对较低,为 79.98 分。

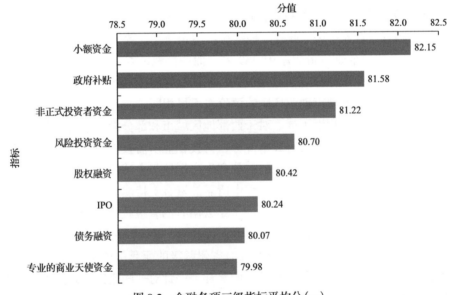

图 8-2　金融各项三级指标平均分(一)

融资难易程度方面,中国各城市科技行业内创业活动融资环境趋松,科技类创业项目或企业可较容易融资。如图 8-3 所示,三级指标中,"企业很容易吸引投资者/资金"的平均分最高,为 82.66 分,"初创企业家可以获得足够的种子资金来支付新业务的启动和早期阶段的费用"平均分也较高,为 82.23 分,而"获得债务融资"的平均分相对较低,为 80.03 分。在金融支持服务方面,近些年得益于多层次金融机构体系和差异化金融服务体系的构建,新兴和成长型公司获得金融支持服务的成本趋向合理,相应指标的平均分为 80.51 分。

综合三级指标得到中国城市科技创业金融分值与排名(表 8-2)。通过数据可以发现一些西部地区城市和三线城市排名更高,台州、昆明和泉州排名前三,而北京、广州等老牌一线城市创业者对于目前所处城市的投融资环境的满意度相对较低。

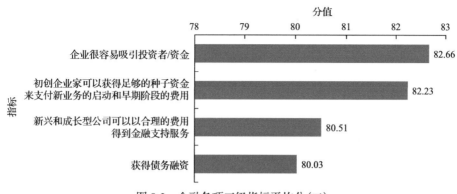

图 8-3　金融各项三级指标平均分(二)

表 8-2　中国城市科技创业金融分值与排名

排名	城市	分值
1	台州	84.15
2	昆明	83.94
3	泉州	83.62
4	南京	83.60
5	合肥	83.47
6	海口	83.42
7	大连	83.28
8	洛阳	83.23
9	石家庄	83.21
10	泰州	83.15
11	无锡	82.97
12	烟台	82.95
13	温州	82.89
14	西安	82.76
15	沈阳	82.75
16	徐州	82.71
17	扬州	82.70
18	银川	82.42
19	重庆	82.27
20	天津	82.06
21	佛山	82.05
22	成都	81.75
23	潍坊	81.57

排名	城市	分值
24	绍兴	81.56
25	济南	81.48
26	上海	81.42
27	哈尔滨	81.32
28	呼和浩特	81.32
29	太原	81.31
30	郑州	81.31
31	嘉兴	81.29
32	南通	81.21
33	兰州	81.15
34	常州	81.04
35	鄂尔多斯	80.95
36	厦门	80.89
37	福州	80.58
38	宁波	80.56
39	唐山	80.31
40	武汉	80.21
41	襄阳	80.13
42	南昌	80.10
43	东莞	80.00
44	青岛	79.57
45	长春	79.50
46	苏州	79.50
47	贵阳	79.02
48	深圳	78.65
49	榆林	78.59
50	盐城	78.21
51	北京	78.04
52	长沙	77.85
53	漳州	77.43
54	临沂	77.02
55	杭州	76.96
56	广州	76.53
57	南宁	76.38

8.4.2　政府政策分值与排名

近些年，国家强力部署创新驱动发展战略，纵深推进"大众创业、万众创新"以带动就业，持续深化政府部门"放管服"改革，出台一系列创新创业支持政策措施，尤其是面向专精特新类企业，通过提供和完善各项公共服务促进创新创业并带动企业快速成长，推进《工业"四基"发展目录》中涉及的领域全面发展。目前在科技领域，政府支持及相关政策的扶持较有成效。

政府政策二级指标所有城市平均分为 80.96 分。三级指标方面，政府在科技领域的政策走向总体来看也是连续的、可预测的(82.21 分)，并且创业者注册公司的成本的合理性和时效较有保障，"企业家可以以合理的成本注册新公司/企业"和"新公司可以在一周左右的时间内获得大部分所需的许可证和执照"平均分分别为 81.97 分和 81.39 分；但相对来说，"支持新兴和成长型公司应是地方政府的优先政策"平均分在 80 分以下(图 8-4)。

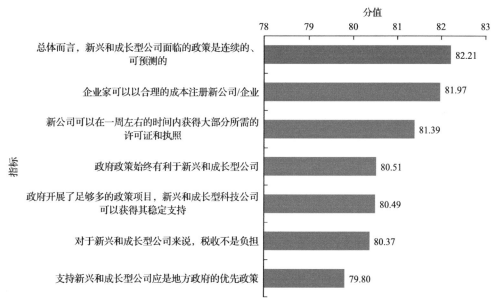

图 8-4　政府政策各项三级指标平均分(一)

在各项扶持政策落实方面，研发费用加计扣除政策等财税政策和服务平台政策实行效果相对较好，而人才政策和成果转化政策实行效果略微落后。调查结果显示，测度各项政策有效落地程度的三级指标平均分均在 81 分以上，其中"您所在城市的财税政策能有效落地"平均分最高，为 81.36 分，其次为"您所在城市的服务平台政策能有效落地"和"您所在城市的人才政策能有效落地"，平均分分别为 81.32 分和 81.26 分，相对来说"您所在城市的成果转化政策能有效落地"平均分最低，为 81.25 分(图 8-5)。

综合三级指标得到中国城市科技创业政府政策分值与排名(表 8-3)。总体来看，台州、徐州、海口等城市科技创业者对政策扶持力度的评价较高，而深圳、杭州等经济活跃城市的受访科技创业者对政府政策的评价相对较低。

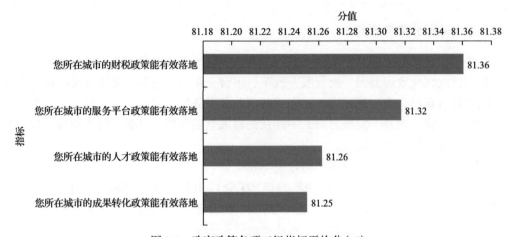

图 8-5　政府政策各项三级指标平均分(二)

表 8-3　中国城市科技创业政府政策分值与排名

排名	城市	分值
1	台州	84.36
2	徐州	84.20
3	海口	84.17
4	佛山	83.54
5	泉州	83.52
6	沈阳	83.50
7	大连	83.48
8	温州	83.41
9	银川	83.40
10	西安	83.34
11	哈尔滨	83.04
12	昆明	83.03
13	石家庄	82.93
14	洛阳	82.79
15	福州	82.73
16	厦门	82.64
17	合肥	82.52
18	无锡	82.48
19	重庆	82.43
20	烟台	82.32
21	泰州	82.32
22	成都	82.20
23	嘉兴	82.20

续表

排名	城市	分值
24	扬州	82.18
25	天津	81.90
26	绍兴	81.90
27	南京	81.83
28	太原	81.76
29	潍坊	81.70
30	济南	81.63
31	唐山	81.57
32	常州	81.56
33	呼和浩特	81.14
34	南通	81.03
35	南昌	81.00
36	兰州	80.87
37	襄阳	80.86
38	鄂尔多斯	80.85
39	郑州	80.83
40	宁波	80.80
41	长春	80.79
42	上海	80.62
43	青岛	80.00
44	武汉	80.00
45	贵阳	79.63
46	东莞	79.47
47	广州	79.10
48	苏州	78.80
49	北京	78.60
50	漳州	78.56
51	盐城	78.32
52	深圳	78.27
53	长沙	77.57
54	榆林	77.50
55	临沂	77.27
56	南宁	76.90
57	杭州	75.80

8.4.3　政府项目分值与排名

在政府项目方面，政府工作人员服务能力和作为创业项目重要孵化载体的孵化器对新兴和成长型企业发展提供的支持力度较大。

政府项目二级指标所有城市平均分为81.62分。如图8-6所示，三级指标方面，"政府机构的工作人员有能力、能有效地支持新兴和成长型公司"平均分最高，为83.01分，"科技园区为新兴和成长型科技公司提供了有效支持"和"新兴和成长型科技公司可以通过与单一机构的联系获得广泛的政府援助"平均分相对较低，分别为80.39分和80.38分。

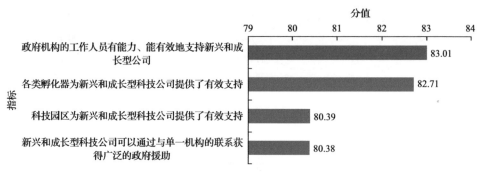

图 8-6　政府项目各项三级指标平均分

总体而言，政府主导的政府项目对于科技类创业活动的支持较有成效，但各类孵化载体在服务过程中还需结合科技企业的实际成长需求持续改进，统筹升级载体的各项服务功能，积极打造涵盖咨询辅导、场地提供、技术服务、投资融资和资源对接等服务的一站式孵化载体，以精细化和专业化管理提升载体的运营效率，为科技类企业构建良好发展生态，降低创业成本，提高创业企业存活率。

在排名方面(表8-4)，中国城市科技创业政府项目分值与排名同地区生产总值及排名整体呈反向变化，其中，石家庄、温州、合肥排名前三，杭州、广州等经济活跃城市受访科技创业者自评分值相对较低。

表 8-4　中国城市科技创业政府项目分值与排名

排名	城市	分值
1	石家庄	85.08
2	温州	84.74
3	合肥	84.26
4	泉州	83.88
5	佛山	83.84
6	海口	83.75
7	大连	83.71
8	重庆	83.67

续表

排名	城市	分值
9	台州	83.57
10	沈阳	83.50
11	昆明	83.50
12	无锡	83.45
13	泰州	83.39
14	南京	83.36
15	西安	83.28
16	哈尔滨	83.27
17	绍兴	83.25
18	银川	83.08
19	洛阳	83.02
20	烟台	82.95
21	天津	82.83
22	郑州	82.75
23	济南	82.75
24	徐州	82.67
25	潍坊	82.50
26	嘉兴	82.42
27	太原	82.33
28	福州	82.00
29	常州	81.76
30	唐山	81.75
31	鄂尔多斯	81.57
32	呼和浩特	81.52
33	襄阳	81.52
34	武汉	81.42
35	宁波	81.42
36	厦门	81.34
37	扬州	81.25
38	深圳	81.17
39	长春	80.95
40	南通	80.42
41	上海	80.34
42	贵阳	80.17

排名	城市	分值
43	南昌	80.08
44	兰州	80.08
45	北京	80.00
46	苏州	79.58
47	东莞	79.50
48	成都	79.17
49	长沙	79.17
50	青岛	79.14
51	榆林	78.93
52	漳州	78.70
53	盐城	77.95
54	南宁	77.83
55	临沂	77.75
56	广州	77.59
57	杭州	77.17

8.4.4　教育与培训分值与排名

党的二十大报告指出，"必须坚持科技是第一生产力、人才是第一资源、创新是第一动力"[①]，要深入实施创新驱动发展战略，科技创新是面向新发展阶段构建国家新发展格局和推动高质量发展的强力保障。大学生作为创新创业的中坚力量，其创业素质，以及中小学教育阶段的创新意识和自主性培养及高等教育阶段的技能培育都尤为重要，高校也在持续深化创新创业教育改革，致力于为学生创业提供必要的管理技能和科学技术准备。

根据本次定量问卷调查数据，教育与培训二级指标所有城市平均分为 81.81 分，总体情况良好。三级指标方面，调查数据显示，对于科技行业内创业者来说，高校在商业和管理学科教育等管理技能教育方面表现较好，"高校为新公司的创立和发展提供了充分的管理技能准备"平均分最高，为83.17 分，其次为"高校为新公司的创立和发展提供了充分的科学技术准备"和"中小学教育鼓励创新、自立和发展个人主动性"，平均分分别为 81.16 分和81.11 分(图 8-7)。

相对来看，高校科学技术教育还需加强与科技创新的联动发展，在加强基础学科建设的基础上推动基础研究和技术创新。此外，中小学教育阶段由于传统的应试教育，学生创新意识和自主性培育体系相较不完善，还需持续对创新创业教育薄弱环节进行改善。

在排名方面，泉州、郑州、徐州排名前三(表 8-5)。总体来看，在经济相对欠发达地

---

①《习近平：高举中国特色社会主义伟大旗帜 为全面建设社会主义现代化国家而团结奋斗——在中国共产党第二十次全国代表大会上的报告》，https://www.gov.cn/xinwen/2022-10/25/content_5721685.htm，2022-10-25。

区，由于经济和技术基础薄弱，当地对创新创业意识的培育起步较晚，当地科技创业者对于成熟的创新创业意识形态和培育体系等方面的认知相对粗浅，故而满足感较强。

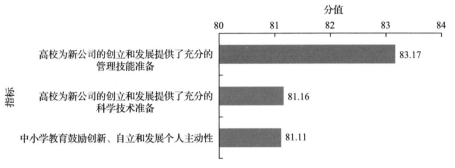

图 8-7　教育与培训各项三级指标平均分

表 8-5　中国城市科技创业教育与培训分值与排名

排名	城市	分值
1	泉州	86.32
2	郑州	85.44
3	徐州	84.89
4	洛阳	84.14
5	佛山	84.05
6	合肥	83.95
7	烟台	83.93
8	海口	83.89
9	沈阳	83.78
10	石家庄	83.78
11	温州	83.68
12	无锡	83.56
13	潍坊	83.46
14	台州	83.45
15	西安	83.45
16	大连	83.33
17	济南	83.22
18	福州	83.00
19	泰州	82.98
20	南京	82.87
21	哈尔滨	82.82

续表

排名	城市	分值
22	银川	82.78
23	天津	82.78
24	唐山	82.67
25	鄂尔多斯	82.59
26	宁波	82.56
27	昆明	82.56
28	上海	82.30
29	太原	82.18
30	南通	82.00
31	绍兴	82.00
32	重庆	81.89
33	青岛	81.84
34	武汉	81.67
35	嘉兴	81.56
36	扬州	81.55
37	呼和浩特	81.31
38	成都	80.78
39	东莞	80.67
40	常州	80.62
41	厦门	80.60
42	长春	80.46
43	兰州	80.33
44	北京	80.00
45	漳州	79.88
46	盐城	79.76
47	贵阳	79.56
48	榆林	79.52
49	南昌	79.33
50	苏州	79.22
51	深圳	79.00
52	襄阳	78.81
53	广州	78.28
54	临沂	77.89

续表

排名	城市	分值
55	南宁	77.33
56	长沙	77.11
57	杭州	77.11

8.4.5　科研成果转化分值与排名

科研成果转化是科技创新创业的关键环节，"十四五"规划明确指出要创新科技成果转化机制，新技术产业化、市场化和商业化是推动科技类创业并提高科技创业企业存活率的重要助力。

根据本次定量问卷调查数据，科研成果转化二级指标所有城市平均分为 81.45 分。具体到三级指标，如图 8-8 所示，"工程师和科学家可以获得有效支持，通过新兴和成长型公司将他们的创意商业化"（82.31 分）和"有足够的政府补贴让新兴和成长型公司获得新技术"（82.04 分）平均分最高，均在 82 分以上；在科技创业领域，新兴和成长型公司对新技术的资金承受能力、新技术或新研究转移成效和基础研究水平等指标表现良好，平均分均在 81 分以上；但相对来说，新兴和成长型公司相对大型成熟公司在获得新研究和新技术方面的竞争力较弱，该项指标平均分相对较低，为 80.08 分，在知识流动和新技术获取的公平性方面有待进一步提升。

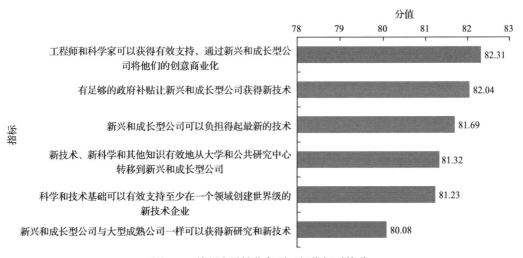

图 8-8　科研成果转化各项三级指标平均分

城市排名方面，海口、台州、大连排名前三（表 8-6）。相对来看，一些西部地区城市和三线城市的科技研发能力相对较弱，科研成果转化体量较小，而规模较小的科技型初创企业使用得更多的是一些已经成熟应用的常规技术，对高精尖技术的需求也相对较小，因此对其所处城市的科研成果转化指标评价相对较高。经济较发达的一线城市的科技创新能力和水平较高，但同时对新技术的研发和获得迫切度较高，目前我国科研成果转化率整体较低，在科技企业高需求下，科研成果转化成效未能完全满足企业发展。

表 8-6　中国城市科技创业科研成果转化分值与排名

排名	城市	分值
1	海口	84.89
2	台州	84.40
3	大连	84.08
4	温州	83.91
5	洛阳	83.79
6	合肥	83.77
7	佛山	83.57
8	泰州	83.39
9	石家庄	83.33
10	太原	83.22
11	烟台	83.21
12	重庆	83.06
13	绍兴	83.06
14	徐州	83.00
15	沈阳	83.00
16	泉州	82.99
17	银川	82.94
18	南京	82.93
19	天津	82.67
20	哈尔滨	82.50
21	青岛	82.36
22	济南	82.17
23	潍坊	82.16
24	呼和浩特	82.08
25	宁波	81.83
26	福州	81.78
27	昆明	81.78
28	无锡	81.61
29	扬州	81.55
30	成都	81.50
31	唐山	81.39
32	西安	81.21
33	南通	81.17

续表

排名	城市	分值
34	上海	81.09
35	厦门	81.01
36	嘉兴	80.94
37	鄂尔多斯	80.80
38	常州	80.68
39	南昌	80.67
40	郑州	80.67
41	兰州	80.39
42	北京	80.28
43	漳州	80.25
44	武汉	80.22
45	东莞	80.22
46	长春	80.00
47	苏州	79.89
48	广州	79.54
49	襄阳	79.40
50	榆林	79.23
51	贵阳	79.22
52	长沙	78.67
53	深圳	78.17
54	南宁	77.94
55	临沂	77.50
56	盐城	77.44
57	杭州	77.00

8.4.6　商业基础环境分值与排名

　　良好的商业基础环境是培育创新创业的沃土，充足的要素资源能有效支持和推动创新创业活动的开展。

　　根据本次定量问卷调查数据，商业基础环境二级指标所有城市平均分为 80.86 分。三级指标方面，调查数据显示，对于新兴和成长型公司来说，能够很容易找到良好的分包商、供应商和顾问（81.56 分）并很容易获得良好的专业法律和会计服务（81.43 分），在人才资源方面，也有较为充足的各类技能技术人员为企业的发展提供支持（81.26 分），但相对来看，在云计算服务，良好的银行服务，分包商、供应商和顾问的充足性和使用成本方面平均分都在 81 分以下，其中"新兴和成长型公司能够承担使用分包商、供应商和顾问的成本"平均分相对最低，为 79.82 分，具体如图 8-9 所示。

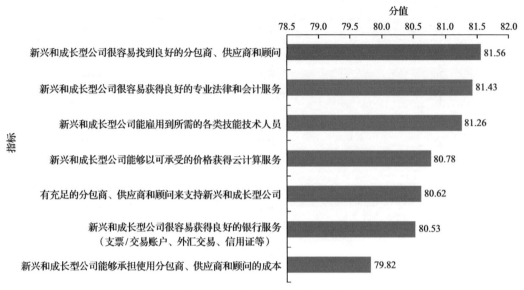

图 8-9　商业基础环境各项三级指标平均分(一)

　　此外，创业企业在拓展业务过程中体现着一定的政治性，对于科技领域创业者来说，"您所在的城市，获得关键政府官员的支持是企业家日常工作的重要组成部分"指标平均分最高，为 82.05 分(图 8-10)。在维持生意方式方面，去娱乐场所、咖啡馆和在酒桌上谈生意仍是重要的业务拓展方式，"您所在的城市，去娱乐场所(如 KTV)是获得和维持生意的必要活动"、"您所在的城市，去咖啡馆谈生意是非常普遍的事情"和"您所在的城市，在酒桌上谈生意是非常普遍的事情"平均分分别为 80.63 分、80.48 分和 80.36分，总体来看，业务生态有待进一步完善。

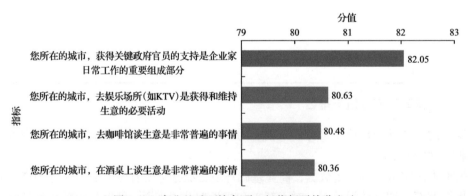

图 8-10　商业基础环境各项三级指标平均分(二)

　　城市排名方面，台州、海口、佛山位列前三(表 8-7)。深圳、杭州等城市的经济活跃度在国内处于顶尖水平，对营商环境的重视程度和变化敏感度较高，但受访者表示，营商环境近年来未见明显改善，仍有待进一步优化。

表 8-7　中国城市科技创业商业基础环境分值与排名

排名	城市	分值
1	台州	83.98
2	海口	83.67
3	佛山	83.42
4	大连	83.30
5	南京	83.15
6	合肥	82.96
7	徐州	82.95
8	银川	82.81
9	哈尔滨	82.80
10	石家庄	82.76
11	泰州	82.76
12	泉州	82.71
13	温州	82.66
14	昆明	82.43
15	重庆	82.38
16	天津	82.19
17	嘉兴	82.14
18	烟台	82.04
19	沈阳	81.95
20	潍坊	81.85
21	洛阳	81.82
22	无锡	81.58
23	绍兴	81.52
24	西安	81.43
25	济南	81.38
26	太原	81.28
27	常州	81.27
28	南通	81.24
29	厦门	81.22
30	扬州	81.17
31	郑州	80.90
32	宁波	80.86
33	鄂尔多斯	80.79

续表

排名	城市	分值
34	福州	80.62
35	唐山	80.57
36	呼和浩特	80.56
37	青岛	80.49
38	武汉	80.24
39	东莞	80.24
40	上海	79.85
41	长春	79.75
42	成都	79.71
43	北京	79.57
44	兰州	79.24
45	襄阳	78.88
46	漳州	78.84
47	广州	78.82
48	苏州	78.76
49	南昌	78.67
50	贵阳	78.62
51	南宁	77.62
52	榆林	77.55
53	深圳	77.52
54	盐城	77.50
55	长沙	77.43
56	杭州	77.19
57	临沂	76.05

8.4.7　市场开放度分值与排名

　　能够公平竞争和宽松有序的市场环境是激发创新创业活动开展的主要条件,近些年,随着创新驱动发展战略的实施,国家持续推进供给侧结构性改革,政府政策同市场机制相互协调,共同优化创新创业相互融通的市场环境。

　　根据本次定量问卷调查数据,市场开放度二级指标所有城市平均分为 81.27 分,总体情况良好。三级指标方面,如图 8-11 所示,"相对于成熟公司,新兴和成长型公司更容易得到政府支持"平均分最高,为 83.16 分;对于科技行业创业者来说,新兴和成长型公司市场准入性良好,"新兴和成长型公司可以进入市场而不会受到成熟公司的不公平阻挠"和"新兴和成长型公司可以轻松地进入新市场"平均分分别为 82.15 分和 80.31

分；但相对来说，新兴和成长型公司对进入市场所需成本的负担能力较弱(79.47 分)，如生产设施和人才投入等必要投资和克服行业结构化壁垒的附加投资等，因此，开放的良好市场生态对科技领域创业活动的开展发挥着积极的正向推动作用。

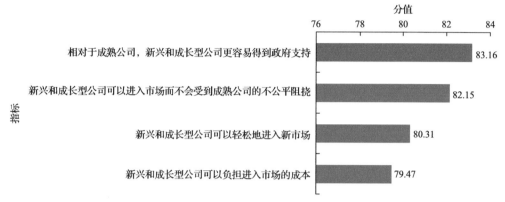

图 8-11　市场开放度各项三级指标平均分

城市排名方面，排前三位的是石家庄、海口和无锡(表 8-8)。

表 8-8　中国城市科技创业市场开放度分值与排名

排名	城市	分值
1	石家庄	84.58
2	海口	84.58
3	无锡	84.05
4	洛阳	83.88
5	福州	83.83
6	佛山	83.66
7	台州	83.66
8	昆明	83.58
9	合肥	83.52
10	济南	83.42
11	重庆	83.25
12	烟台	82.86
13	泰州	82.86
14	太原	82.84
15	银川	82.83
16	扬州	82.68
17	哈尔滨	82.60
18	南京	82.59

续表

排名	城市	分值
19	大连	82.59
20	泉州	82.33
21	绍兴	82.17
22	温州	82.16
23	东莞	82.08
24	沈阳	82.00
25	天津	81.75
26	徐州	81.42
27	宁波	81.25
28	上海	81.21
29	呼和浩特	81.07
30	榆林	81.07
31	厦门	80.98
32	鄂尔多斯	80.74
33	青岛	80.69
34	郑州	80.67
35	唐山	80.58
36	兰州	80.50
37	长春	80.43
38	成都	80.42
39	南通	80.42
40	西安	80.26
41	武汉	80.25
42	嘉兴	80.17
43	南昌	79.83
44	襄阳	79.73
45	潍坊	79.63
46	苏州	79.50
47	常州	79.26
48	漳州	79.17
49	深圳	79.08
50	临沂	79.00
51	盐城	78.66

续表

排名	城市	分值
52	贵阳	78.58
53	杭州	78.08
54	广州	77.93
55	北京	77.92
56	长沙	76.75
57	南宁	76.67

8.4.8　空间可获得性分值与排名

　　科技创新空间建设与城市高质量发展相辅相成，科技创新产业的分布可以优化城市功能，带动经济增长并提供更多就业岗位，激发城市活力，近年来，各城市积极推动众创空间等面向创业者和创业活动的物理空间及配套基础设施的建设，以顺应创新创业发展趋势，推动科技创新创业活动。

　　根据本次定量问卷调查数据，在空间可获得性二级指标方面所有城市平均分为 82.21分，是九个二级指标中平均分最高的。三级指标方面，调查数据显示，对于科技领域创业者来说，企业开展活动所需的生产和办公空间相对充足，且负担成本相对合理。具体来看，相较于办公空间，企业所需的可负担的生产空间更容易获得，"对于新兴和成长型公司，有大量负担得起的生产空间可供租用"和"对于新兴和成长型公司，有大量负担得起的办公空间可供租用"平均分分别为 82.97 分和 81.44 分(图 8-12)。

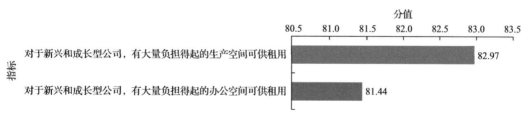

图 8-12　空间可获得性各项三级指标分值

　　城市排名方面，排名前三位的是海口、石家庄和哈尔滨(表 8-9)。排名靠前的城市往往房价相对不高，因此能够积极推动创业孵化器、科技园区等一系列创业载体的建设，为初创企业提供充分的办公和生产场地支持，并且为入驻科技企业提供租金减免等帮扶政策，企业可以以低廉的成本获取创业所需物理空间。

表 8-9　中国城市科技创业空间可获得性分值与排名

排名	城市	分值
1	海口	86.00
2	石家庄	85.50
3	哈尔滨	85.00

排名	城市	分值
4	太原	84.83
5	台州	84.82
6	大连	84.66
7	沈阳	84.50
8	泰州	84.46
9	潍坊	84.44
10	泉州	84.31
11	济南	84.17
12	南京	84.14
13	银川	84.00
14	福州	83.83
15	温州	83.79
16	兰州	83.67
17	扬州	83.57
18	上海	83.45
19	洛阳	83.28
20	唐山	83.17
21	徐州	83.17
22	合肥	83.15
23	无锡	83.10
24	昆明	83.00
25	南昌	83.00
26	西安	82.93
27	佛山	82.86
28	天津	82.83
29	绍兴	82.67
30	成都	82.67
31	宁波	82.67
32	烟台	82.50
33	嘉兴	82.33
34	重庆	82.33
35	郑州	82.17
36	鄂尔多斯	81.85

排名	城市	分值
37	呼和浩特	81.61
38	常州	81.48
39	武汉	81.33
40	苏州	81.17
41	襄阳	81.07
42	青岛	81.03
43	贵阳	80.67
44	漳州	80.56
45	东莞	80.33
46	盐城	80.18
47	南通	80.17
48	广州	79.83
49	榆林	79.82
50	临沂	79.67
51	厦门	79.64
52	长春	79.31
53	深圳	79.00
54	北京	78.50
55	长沙	77.67
56	南宁	77.67
57	杭州	77.50

8.4.9　创业关系维度分值与排名

创业精神具有区域嵌入性，一个城市创业精神的具备程度往往与城市区域经济、社会等多方面态势相关，创业精神和城市社会空间相互作用。

根据本次定量问卷调查数据，创业关系维度二级指标所有城市平均分为 81.87 分，总体情况良好。三级指标方面，如图 8-13 所示，各城市整体社会环境对创业活动的认可度和鼓励度都处于较高水平（83.44 分）。对于科技创业者，亲密群体中朋友对其创业活动的支持度（82.82 分）略高于家庭（80.70 分），整体而言城市的社会环境对创业活动起到正向的推动作用。但相对来看，在该维度四个三级指标中，寻找创业伙伴的容易程度平均分相对较低，为 80.51 分。

排名方面，排名前三的为泉州、海口和洛阳（表 8-10）。总体来看，这些城市开展科技创业活动所需的资金投入体量相对较小，创业者包括其周边亲密群体对创业失败所需承担的经济损失及风险的可接受程度相对较高，同时，近年来强劲的经济发展势头和政策倾斜,都极大提升了其开展创业活动的信心。相较于规模大、投入高的发达城市创业企业来说,上述城市受访者认为朋友、家庭、社会环境在创业活动开展期间表现出了较高的认可度。

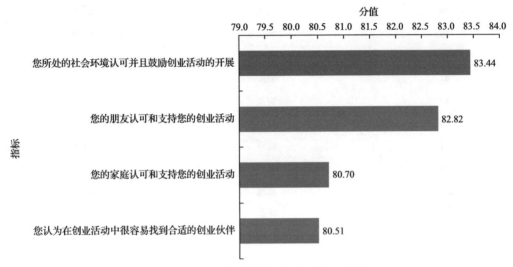

图 8-13　创业关系维度各项三级指标平均分

表 8-10　中国城市科技创业关系维度分值与排名

排名	城市	分值
1	泉州	86.72
2	海口	86.00
3	洛阳	85.17
4	哈尔滨	84.81
5	徐州	84.67
6	大连	84.66
7	西安	84.31
8	温州	84.31
9	太原	84.31
10	烟台	84.11
11	石家庄	84.00
12	扬州	83.93
13	绍兴	83.83
14	无锡	83.79
15	银川	83.67
16	台州	83.57
17	昆明	83.50

续表

排名	城市	分值
18	合肥	83.15
19	南京	83.10
20	泰州	83.04
21	佛山	82.68
22	福州	82.67
23	济南	82.50
24	沈阳	82.50
25	潍坊	82.22
26	鄂尔多斯	82.22
27	宁波	82.17
28	郑州	82.00
29	武汉	81.83
30	成都	81.67
31	天津	81.67
32	常州	81.67
33	唐山	81.50
34	兰州	81.50
35	嘉兴	81.33
36	厦门	81.25
37	青岛	81.21
38	广州	81.03
39	盐城	80.89
40	重庆	80.83
41	贵阳	80.83
42	呼和浩特	80.71
43	长春	80.52
44	上海	80.17
45	北京	80.17
46	深圳	80.17
47	南昌	80.17
48	东莞	80.00
49	襄阳	80.00
50	南通	79.83

排名	城市	分值
51	榆林	79.64
52	苏州	79.33
53	临沂	78.67
54	长沙	78.67
55	漳州	78.33
56	南宁	77.67
57	杭州	76.83

参 考 文 献

蔡莉, 彭秀青, Nambisan S, 等. 2016. 创业生态系统研究回顾与展望[J]. 吉林大学社会科学学报, 56(1): 5-16, 187.

杜尔功, 吉猛. 2020. 科技创业、创新经济与经济增长: 基于国家高新区视角的证据[J]. 求是学刊, 47(6): 78-88.

李胜文, 杨学儒, 檀宏斌. 2016. 技术创新、技术创业和产业升级: 基于技术创新和技术创业交互效应的视角[J]. 经济问题探索, (1): 111-117.

李湛, 杜尔功, 殷林森, 等. 2018. 科技创业经济发展理论的构建与研究[J]. 上海经济, (6): 69-81.

李志刚, 张越, 周琦玮, 等. 2024. 公司孵化器如何构建创业生态系统: 基于"动因—行为—结果"分析框架[J]. 南开管理评论, 27(1): 235-247.

柳卸林, 王倩. 2021. 创新管理研究的新范式: 创新生态系统管理[J]. 科学学与科学技术管理, 42(10): 20-33.

柳卸林, 杨培培, 王倩. 2022. 创新生态系统: 推动创新发展的第四种力量[J]. 科学学研究, 40(6): 1096-1104.

杨博旭, 柳卸林, 吉晓慧. 2023. 区域创新生态系统: 知识基础与理论框架[J]. 科技进步与对策, 40(13): 152-160.

Saxenian A. 1996. Regional Advantage: Culture and Competition in Silicon Valley and Route 128, With a New Preface by the Author[M]. Cambridge: Harvard University Press.

Schumpeter J A. 1912. The Theory of Economic Developments[M]. Cambridge: Harvard University Press.

.

附 录

附录 1 高技术产业分类表

附表 1-1 高技术产业分类表

行业分类	行业名称		行业分类代码
科研/教育/培训	研发与设计服务	自然科学研究和试验发展	自然科学研究和试验发展	7310
		工程和技术研究和试验发展	工程和技术研究和试验发展	7320
		农业科学研究和试验发展	农业科学研究和试验发展	7330
		医学研究和试验发展	医学研究和试验发展	7340
		设计服务	工业设计服务	7491
			专业设计服务	7492
	科技成果转化服务	技术推广服务	农林牧渔技术推广服务	7511
			生物技术推广服务	7512
			新材料技术推广服务	7513
			节能技术推广服务	7514
			新能源技术推广服务	7515
			环保技术推广服务	7516
			三维(3D)打印技术推广服务	7517
			其他技术推广服务	7519
		科技中介服务	科技中介服务	7530
			创业空间服务	7540
		其他科技推广服务业	其他科技推广服务业	7590
	知识产权及相关法律服务	知识产权服务	知识产权服务	7520
		知识产权相关法律服务	知识产权律师及相关法律服务	7231*
			其他知识产权法律服务	7239*
IT/软硬件服务/电子商务/网络运营	计算机及办公设备制造业	计算机整机制造	计算机整机制造	3911
		计算机零部件制造	计算机零部件制造	3912
		计算机外围设备制造	计算机外围设备制造	3913

行业分类	行业名称			行业分类代码
IT/软硬件服务/ 电子商务/网络运营	计算机及办公设备 制造业	工业控制计算机及 系统制造	工业控制计算机及 系统制造	3914
		信息安全设备制造	信息安全设备制造	3915
		其他计算机制造	其他计算机制造	3919
		办公设备制造	复印和胶印设备制造	3474
			计算器及货币专用 设备制造	3475
	电子商务服务	互联网平台	互联网生产服务平台	6431
			互联网生活服务平台	6432
			互联网科技创新平台	6433
			互联网公共服务平台	6434
			其他互联网平台	6439
		电子商务支付服务	非金融机构网络 支付服务	6930*
		电子商务信用服务	电子商务信用服务	7295*
	检验检测服务	质检技术服务	检验检疫服务	7451
			检测服务	7452
			计量服务	7453
			标准化服务	7454
			认证认可服务	7455
			其他质检技术服务	7459
电子技术/半导体/ 集成电路/仪器仪表/ 工业自动化	电子及通信设备 制造业	电子工业专用设备制造	半导体器件专用 设备制造	3562
			电子元器件与机电组件 设备制造	3563
			其他电子专用设备制造	3569
		光纤、光缆及 锂离子电池制造	光纤制造	3832
			光缆制造	3833
			锂离子电池制造	3841
		电子器件制造	电子真空器件制造	3971
			半导体分立器件制造	3972
			集成电路制造	3973
			显示器件制造	3974
			半导体照明器件制造	3975
			光电子器件制造	3976
			其他电子器件制造	3979

续表

行业分类	行业名称			行业分类代码
电子技术/半导体/集成电路/仪器仪表/工业自动化	电子及通信设备制造业	电子元件及电子专用材料制造	电阻电容电感元件制造	3981
			电子电路制造	3982
			敏感元件及传感器制造	3983
			电声器件及零件制造	3984
			电子专用材料制造	3985
			其他电子元件制造	3989
制药/生物工程/医疗设备/医疗器械	医药制造业	化学药品制造	化学药品原料药制造	2710
			化学药品制剂制造	2720
		中药饮片加工	中药饮片加工	2730
		中成药生产	中成药生产	2740
		兽用药品制造	兽用药品制造	2750
		生物药品制品制造	生物药品制造	2761
			基因工程药物和疫苗制造	2762
		卫生材料及医药用品制造	卫生材料及医药用品制造	2770
		药用辅料及包装材料	药用辅料及包装材料	2780
	医疗仪器设备及仪器仪表制造业	医疗仪器设备及器械制造	医疗诊断、监护及治疗设备制造	3581
			口腔科用设备及器具制造	3582
			医疗实验室及医用消毒设备和器具制造	3583
			医疗、外科及兽医用器械制造	3584
			机械治疗及病房护理设备制造	3585
			康复辅具制造	3586
			其他医疗设备及器械制造	3589
		通用仪器仪表制造	工业自动控制系统装置制造	4011
			电工仪器仪表制造	4012
			绘图、计算及测量仪器制造	4013
			实验分析仪器制造	4014
			试验机制造	4015

行业分类	行业名称		行业分类代码
制药/生物工程/医疗设备/医疗器械	医疗仪器设备及仪器仪表制造业	通用仪器仪表制造	供应用仪器仪表制造	4016
			其他通用仪器制造	4019
		专用仪器仪表制造	环境监测专用仪器仪表制造	4021
			运输设备及生产用计数仪表制造	4022
			导航、测绘、气象及海洋专用仪器制造	4023
			农林牧渔专用仪器仪表制造	4024
			地质勘探和地震专用仪器制造	4025
			教学专用仪器制造	4026
			核子及核辐射测量仪器制造	4027
			电子测量仪器制造	4028
			其他专用仪器制造	4029
		光学仪器制造	光学仪器制造	4040
		其他仪器仪表制造业	其他仪器仪表制造业	4090
通信/电信运营/网络设备/增值服务	信息服务	信息传输服务	固定电信服务	6311
			移动电信服务	6312
			其他电信服务	6319
			有线广播电视传输服务	6321
			无线广播电视传输服务	6322
			广播电视卫星传输服务	6331
			其他卫星传输服务	6339
		信息技术服务	互联网接入及相关服务	6410
			互联网搜索服务	6421
			其他互联网服务	6490
			基础软件开发	6511
			支撑软件开发	6512
			应用软件开发	6513
			其他软件开发	6519
			信息系统集成服务	6531
			物联网技术服务	6532
			运行维护服务	6540

行业分类	行业名称			行业分类代码
通信/电信运营/ 网络设备/增值服务	信息服务	信息技术服务	信息技术咨询服务	6560
			互联网安全服务	6440
			互联网数据服务	6450
			信息处理和存储 支持服务	6550
			集成电路设计	6520
			呼叫中心	6591
			其他未列明信息 技术服务业	6599
		数字内容及相关服务	地理遥感信息服务	6571
			动漫、游戏数字内容服务	6572
			其他数字内容服务	6579
			互联网游戏服务	6422
			互联网其他信息服务	6429
			电子出版物出版	8625
			数字出版	8626
			互联网广播	8710*
			互联网电视	8720*
			广播电视集成播控	8740
			其他文化艺术	8890*
机械/设备/重工/ 航天/航空	电子及通信设备 制造业	通信设备、雷达及 配套设备制造	通信系统设备制造	3921
			通信终端设备制造	3922
			雷达及配套设备制造	3940
		广播电视设备制造	广播电视节目制作及 发射设备制造	3931
			广播电视接收设备制造	3932
			广播电视专用配件制造	3933
			专业音响设备制造	3934
			应用电视设备及其他 广播电视设备制造	3939
		非专业视听设备制造	电视机制造	3951
			音响设备制造	3952
			影视录放设备制造	3953
		智能消费设备制造	可穿戴智能设备制造	3961
			智能车载设备制造	3962

续表

行业分类	行业名称			行业分类代码
机械/设备/重工/航天/航空	电子及通信设备制造业	智能消费设备制造	智能无人飞行器制造	3963
			其他智能消费设备制造	3969
		其他电子设备制造	其他电子设备制造	3990
	航空、航天器及设备制造业	飞机制造	飞机制造	3741
		航天器及运载火箭制造	航天器及运载火箭制造	3742
		航空、航天相关设备制造	航天相关设备制造	3743
			航空相关设备制造	3744
		其他航空航天器制造	其他航空航天器制造	3749
		航空航天器修理	航空航天器修理	4343
能源/矿业/石油/化工/地质	信息化学品制造业	信息化学品制造	文化用信息化学品制造	2664
			医学生产用信息化学品制造	2665
	环境监测及治理服务	环境与生态监测	环境保护监测	7461
			生态资源监测	7462
			野生动物疫源疫病防控监测	7463
		环境治理业	水污染治理	7721
			大气污染治理	7722
			固体废物治理	7723
			危险废物治理	7724
			放射性废物治理	7725
			土壤污染治理与修复服务	7726
			噪声与振动控制服务	7727
			其他污染治理	7729
	专业技术服务业的高技术服务	气象服务	气象服务	7410
		地震服务	地震服务	7420
		海洋服务	海洋气象服务	7431
			海洋环境服务	7432
			其他海洋服务	7439
		测绘地理信息服务	遥感测绘服务	7441
			其他测绘地理信息服务	7449
		地质勘查	能源矿产地质勘查	7471
			固体矿产地质勘查	7472
			水、二氧化碳等矿产地质勘查	7473

续表

行业分类	行业名称		行业分类代码
能源/矿业/石油/化工/地质	专业技术服务业的高技术服务	地质勘查	基础地质勘查	7474
			地质勘查技术服务	7475
		工程技术	工程管理服务	7481
			工程监理服务	7482
			工程勘察活动	7483
			工程设计活动	7484
			规划设计管理	7485
			土地规划服务	7486

资料来源:《高技术产业(制造业)分类(2017)》《高技术产业(服务业)分类(2018)》

*表示该类别仅对应国民经济行业分类小类中的部分活动

附录 2　2023 年中国城市科技创业项目调查问卷

甄别问卷:

Aa. 请问您是在进行科技创业吗?【单选】

选项	序号	选项	序号
是	1	否(致谢,终止)	2

第一部分:核心问题

	主题	完全错误					NFNT				完全正确
	主题 A1:关于金融(充足性),下列所述融资渠道在您所在城市很充足										
A01	股权融资(您企业家自己的财务资源)	0	1	2	3	4	5	6	7	8	9	10
A02	债务融资(您可以理解为银行贷款和类似的融资)	0	1	2	3	4	5	6	7	8	9	10
A03	政府补贴	0	1	2	3	4	5	6	7	8	9	10
A04	非正式投资者资金 (来源于创始人以外的家人、朋友和同事等个人)	0	1	2	3	4	5	6	7	8	9	10
A05	专业的商业天使资金 (提供资本以换取可转换债务或所有权股权的个人)	0	1	2	3	4	5	6	7	8	9	10
A06	风险投资资金(私募股权的集合投资基金)	0	1	2	3	4	5	6	7	8	9	10
A07	IPO(首次公开募股)	0	1	2	3	4	5	6	7	8	9	10
A08	小额资金(如由大量个人提供的小额捐款, 通常通过互联网众筹)	0	1	2	3	4	5	6	7	8	9	10
	主题 A2:关于金融(融资难易程度),下列所述在您所在城市很容易获得										
A09	获得债务融资 (面向新兴和成长型公司的银行贷款和类似贷款)	0	1	2	3	4	5	6	7	8	9	10

	主题	完全错误					NFNT					完全正确
A10	新兴和成长型公司可以以合理的费用得到金融支持服务	0	1	2	3	4	5	6	7	8	9	10
A11	初创企业家可以获得足够的种子资金来支付新业务的启动和早期阶段的费用	0	1	2	3	4	5	6	7	8	9	10
A12	企业很容易吸引投资者/资金（用于启动阶段结束后发展新业务）	0	1	2	3	4	5	6	7	8	9	10
	主题 B：关于您所在城市的政府政策，您多大程度上同意以下说法											
B01	政府政策（如公共采购、立法、监管、许可和税收）始终有利于新兴和成长型公司	0	1	2	3	4	5	6	7	8	9	10
B02	支持新兴和成长型公司应是地方政府的优先政策	0	1	2	3	4	5	6	7	8	9	10
B03	企业家可以以合理的成本注册新公司/企业	0	1	2	3	4	5	6	7	8	9	10
B04	新公司可以在一周左右的时间内获得大部分所需的许可证和执照	0	1	2	3	4	5	6	7	8	9	10
B05	对于新兴和成长型公司来说，税收不是负担	0	1	2	3	4	5	6	7	8	9	10
B06	政府开展了足够多的政策项目，新兴和成长型科技公司可以获得其稳定支持	0	1	2	3	4	5	6	7	8	9	10
B07	您所在城市的人才政策（如国有科技型企业股权和分红激励暂行办法等）能有效地落地	0	1	2	3	4	5	6	7	8	9	10
B08	您所在城市的成果转化政策（如促进科技成果转化法等）能有效落地	0	1	2	3	4	5	6	7	8	9	10
B09	您所在城市的财税政策（如研发费用加计扣除政策、技术先进型服务企业所得税政策等）能有效落地	0	1	2	3	4	5	6	7	8	9	10
B10	您所在城市的服务平台政策（如国家科技资源共享服务平台等）能有效落地	0	1	2	3	4	5	6	7	8	9	10
B11	总体而言，新兴和成长型公司面临的政策是连续的、可预测的	0	1	2	3	4	5	6	7	8	9	10
	主题 C：关于您所在城市的政府项目，您多大程度上同意以下说法											
C01	新兴和成长型科技公司可以通过与单一机构的联系获得广泛的政府援助	0	1	2	3	4	5	6	7	8	9	10
C02	科技园区为新兴和成长型科技公司提供了有效支持	0	1	2	3	4	5	6	7	8	9	10
C03	各类孵化器为新兴和成长型科技公司提供了有效支持	0	1	2	3	4	5	6	7	8	9	10
C04	政府机构的工作人员有能力、能有效地支持新兴和成长型公司	0	1	2	3	4	5	6	7	8	9	10
	主题 D：关于您所在城市的教育与培训，您多大程度上同意以下说法											
D01	中小学教育鼓励创新、自立和发展个人主动性	0	1	2	3	4	5	6	7	8	9	10
D02	高校为新公司的创立和发展提供了充分的科学技术准备	0	1	2	3	4	5	6	7	8	9	10
D03	高校为新公司的创立和发展提供了充分的管理技能准备（如商业和管理学科教育）	0	1	2	3	4	5	6	7	8	9	10

续表

主题		完全错误				NFNT					完全正确
主题 E：关于您所在城市的科研成果转化，您多大程度上同意以下说法											
E01	新技术、新科学和其他知识有效地从大学和公共研究中心转移到新兴和成长型公司	0	1	2	3	4	5	6	7	8	9	10
E02	新兴和成长型公司与大型成熟公司一样可以获得新研究和新技术	0	1	2	3	4	5	6	7	8	9	10
E03	新兴和成长型公司可以负担得起最新的技术	0	1	2	3	4	5	6	7	8	9	10
E04	有足够的政府补贴让新兴和成长型公司获得新技术	0	1	2	3	4	5	6	7	8	9	10
E05	科学和技术基础可以有效支持至少在一个领域创建世界级的新技术企业	0	1	2	3	4	5	6	7	8	9	10
E06	工程师和科学家可以获得有效支持，通过新兴和成长型公司将他们的创意商业化	0	1	2	3	4	5	6	7	8	9	10
主题 F：关于您所在城市的商业基础环境，您多大程度上同意以下说法											
F01	有充足的分包商、供应商和顾问来支持新兴和成长型公司	0	1	2	3	4	5	6	7	8	9	10
F02	新兴和成长型公司能够承担使用分包商、供应商和顾问的成本	0	1	2	3	4	5	6	7	8	9	10
F03	新兴和成长型公司很容易找到良好的分包商、供应商和顾问	0	1	2	3	4	5	6	7	8	9	10
F04	新兴和成长型公司很容易获得良好的专业法律和会计服务	0	1	2	3	4	5	6	7	8	9	10
F05	新兴和成长型公司很容易获得良好的银行服务（支票/交易账户、外汇交易、信用证等）	0	1	2	3	4	5	6	7	8	9	10
F06	新兴和成长型公司能够以可承受的价格获得云计算服务	0	1	2	3	4	5	6	7	8	9	10
F07	新兴和成长型公司能雇用到所需的各类技能技术人员	0	1	2	3	4	5	6	7	8	9	10
F08	您所在的城市，在酒桌上谈生意是非常普遍的事情	0	1	2	3	4	5	6	7	8	9	10
F09	您所在的城市，去咖啡馆谈生意是非常普遍的事情	0	1	2	3	4	5	6	7	8	9	10
F10	您所在的城市，去娱乐场所(如 KTV)是获得和维持生意的必要活动	0	1	2	3	4	5	6	7	8	9	10
F11	您所在的城市，获得关键政府官员的支持是企业家日常工作的重要组成部分	0	1	2	3	4	5	6	7	8	9	10
主题 G：关于您所在城市的市场开放度，您多大程度上同意以下说法											
G01	新兴和成长型公司可以轻松地进入新市场	0	1	2	3	4	5	6	7	8	9	10
G02	新兴和成长型公司可以负担进入市场的成本	0	1	2	3	4	5	6	7	8	9	10
G03	新兴和成长型公司可以进入市场而不会受到成熟公司的不公平阻挠	0	1	2	3	4	5	6	7	8	9	10
G04	相对于成熟公司，新兴和成长型公司更容易得到政府支持	0	1	2	3	4	5	6	7	8	9	10

续表

主题		完全错误					NFNT					完全正确
主题 H：关于您所在城市的有形基础设施(空间可获得性)，您多大程度上同意以下说法												
H01	对于新兴和成长型公司，有大量负担得起的办公空间可供租用	0	1	2	3	4	5	6	7	8	9	10
H02	对于新兴和成长型公司，有大量负担得起的生产空间可供租用	0	1	2	3	4	5	6	7	8	9	10
主题 I：关于创业关系维度，根据您的经历，您多大程度上同意以下说法												
I01	您认为在创业活动中很容易找到合适的创业伙伴	0	1	2	3	4	5	6	7	8	9	10
I02	您的家庭认可和支持您的创业活动	0	1	2	3	4	5	6	7	8	9	10
I03	您的朋友认可和支持您的创业活动	0	1	2	3	4	5	6	7	8	9	10
I04	您所处的社会环境认可并且鼓励创业活动的开展	0	1	2	3	4	5	6	7	8	9	10
I05	您是否有创业失败后再创业的经历？	是　　　　　　　　　1										
		否　　　　　　　　　2										
I06	您感觉相对于第一次创业来说，再创业的难度更大	0	1	2	3	4	5	6	7	8	9	10

注：NFNT 表示不错误，也不正确

第二部分：背景信息

R1. 请访问员记录被访者性别【单选】

选项	序号	选项	序号
男性	1	女性	2

R2. 请问您的周岁年龄是＿＿＿＿＿＿？【单选】

选项	序号	选项	值
记录访问时的确切年龄＿＿＿＿（范围为 18—99 岁）	1	拒绝回答【不读出】	−2
	2	不知道【不读出】	−1

R3. 请问您的最高学历是(不含在读)？(必要时读出选项)【单选】

选项	序号	值
未受过正规教育	1	0
小学及以下	2	1
初中	3	2
高中/中专	4	3
大专	5	4
本科	6	5

续表

选项	序号	值
硕士研究生及以上	7	6
拒绝回答【不读出】	8	−2

R4. 包括您在内，您的常住家庭成员有多少？（不要读答案列表或有效范围）【单选】

选项	序号	选项	值
输入实际家庭人口数_____（填写大于 0 的整数）	1	拒绝回答【不读出】	−2
	2	不知道【不读出】	−1
未成年子女人数_____（填写整数）	1	拒绝回答【不读出】	−2
	2	不知道【不读出】	−1
70 岁以上老人人数_____（填写整数）	1	拒绝回答【不读出】	−2
	2	不知道【不读出】	−1

能否告知你的公司名称：是，填名字；否，问卷结束。

后　记

　　新一轮科技革命和产业变革向纵深推进，经济社会发展的底层逻辑也发生了深刻变革。大数据、人工智能等新技术的涌现和应用场景的丰富，为创新创业提供了新的机遇。在新形势下，习近平总书记高瞻远瞩，以全球视野首次提出"新质生产力"①这一概念，为推动我国经济高质量发展和实现中国式现代化提供了有力支撑。

　　创业是一个地区活跃程度最直接的体现，对经济社会发展具有重要促进作用。创业需要良好的创业生态环境支撑，国外已经有不少机构对城市创业生态开展研究，并强调高技术创业活动对城市发展的带动作用。国内关于城市创业评价的研究相对较少，大多数研究依然以创新评价为基础，科技部火炬中心也推出过中国火炬高新指数，但该指数缺乏连续性。从现实需求来看，随着我国创新驱动发展战略的纵深推进，对新赛道和新动能的需求愈发强烈，以独角兽企业、瞪羚企业为代表的基于高科技的创业型企业，对高质量发展的支撑作用不断显现。

　　在此背景下，柳卸林教授提出开发中国科技创业评价指数的计划，以此为国家提供城市科技创业水平的客观评估依据，综合分析过去一定时间内我国总体科技创业水平，本书将具有国际性的意义，对建设创新型强国具有重要的参考价值。以城市为分析单位，结合上海科技大学正在开展的中国城市科技创业调查研究，通过涵盖宏观和微观层面的测度指标，构建一个基于"城市-企业-个体"三个维度进行综合评价的指标体系，从而得到一个综合评价报告。

　　作为国内最早引进国家创新体系的学者之一，柳卸林教授持续关注中国区域创新问题，并连续二十余年参与撰写《中国区域创新能力评价报告》。本书最早源于柳卸林老师对新形势下关于区域创新发展趋势的研判，强调依靠科技创业促进科技成果转化，以科技创新带动产业创新，这也符合习近平总书记关于发展新质生产力的要求。本书试图对城市科技创业水平进行监测和分析，为地区因地制宜发展新质生产力提供参考。

　　2023 年 5 月立项以来，课题组对评价指标体系、评价对象等进行了多轮讨论和修改，并邀请相关专家给出建议，最终确定了包含五个维度的城市科技创业评价指标体系。在评价对象方面，课题组原计划对中国百强城市开展评价，但受到数据获取和人员支撑方面的限制，在本次评价中只选取了全国经济 50 强以及省会城市作为评价对象。此外，在客观评价与中国城市科技创业调查结果的融合方面也存在一定挑战，为提高本书结果的有效性和客观性，最终放弃将两者进行融合，而是将创业调查结果单独放入本书，作为其中一章，来支撑和解释客观评价结果。

　　本书由柳卸林教授进行总体设计并组织撰写，在框架设计和写作过程中，得到上海

---

① 《习近平：发展新质生产力是推动高质量发展的内在要求和重要着力点》，https://www.gov.cn/yaowen/liebiao/202405/content_6954761.htm，2024-05-31。

科技大学创业与管理学院各位领导的支持和帮助。本书内容由课题组成员共同分析和撰写，其中，第 1 章和第 2 章的作者为中国社会科学院数量经济与技术经济研究所的杨博旭老师，第 3 章的作者为上海科技大学创业与管理学院的洪苏婷老师，第 4 章的作者为上海科技大学创业与管理学院的贾建军老师，第 5 章的作者为上海科技大学创业与管理学院的郑雯老师，第 6 章的作者为上海科技大学创业与管理学院的杨锡怡老师，第 7 章的作者为上海科技大学创业与管理学院的谢文心老师，第 8 章的作者为上海科技大学创业与管理学院的郦光伟老师。同时，感谢丁雪辰、常馨之、徐晓丹、刘文、吉晓慧、马珑瑗等老师和同学在数据收集过程中做出的贡献。

鉴于主观和客观条件的限制，本书依然存在一些不足，部分原有目标尚未实现，如评价对象数量相对较少、对风险投资的考虑不足等。未来，课题组将进一步迭代更新评价指标体系，增加评价对象数量，不断完善评价报告内容，以期为国家和地方经济高质量发展提供战略支撑。

鉴于科技创业属于多学科交叉范畴，加之课题组水平有限，书中难免出现遗漏和不足之处，敬请各位同行和读者批评指正。

上海科技大学创业与管理学院

中国城市科技创业评价课题组

2024 年 6 月 17 日